■ 크리스천이 알아야할 글쓰기와 말하기 ■
유두고도 이래서 졸았다
- 설교문 작성법과 말하기 -

숭실대학교
한국문예연구소
문예총서 ⑨

■ 크리스천이 알아야할 글쓰기와 말하기 ■

유두고도 이래서 졸았다

- 설교문 작성법과 말하기 -

이민호 · 방민화 공저

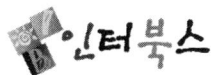

PREFACE
머리말

유두고를 살리는 기적

"내가 이 작품을 작곡했지만, 하나님을 대신해 썼을 뿐입니다." 하이든이 오라토리오 <천지창조(The Creation)>를 작곡하고 난 후 고백하듯 토해낸 일성(一聲)이다. 그처럼 우리가 이 책을 세상에 내놓으며 품은 마음이라 하면 유난스럽다 할지 모르겠다. 어찌 인류 최고의 걸작과 이 보잘 것 없는 책을 견주려하는가 책망이 두렵기도 하다. 그러나 하이든이 피아노 앞에 앉아 '하나님을 훌륭하게 찬양할 수 있도록 필요한 재능을 달라고' 기도했듯, 우리도 책상에 앉아 언제나 간절하고 간절한 마음이었다. 그리고 하이든이 '창조자를 향한 숭배'와 '창조자의 자비와 전능'을 가장 잘 느낄 수 있도록 그의 모든 역량을 모아 작곡했듯이, 우리도 겸허하게 기도하듯 글을 썼다.

5부로 책을 구성했다. <제1부 참을 수 없는 설교의 지루함>은 기존 설교의 문제점을 통해 새로운 설교문 쓰기가 왜 필요한 지 강조했다. <제2부 바벨탑이 무너진 진짜 이유>에서는 설교문 쓰기의 기초를 다지는 수행과정을 단계별로 다루었다. <제3부 원수! 웬수! 누구를 사랑해야 하는가?>는 설교문을 어떻게 구성해야 할까, 설교문이 갖춰야 할 내용을 담았다. <제4부 예수님도 그냥 말하지 않았다>는 수사학과 문체론의 측면에서 설교문을 장식하는 기법을 실었다. <제5부 설교는 커뮤니케이션이다>는 실제 현장에서 이루어지는 설교의 큰 틀을 다루었다. 1부, 2부, 4부는 이민호 교수가, 3부, 5부는 방민화 교수가 맡아 집필하였다. 전자가 소프트웨어적 성격이라면, 후자는 하드웨어적 영역이라 할 수 있다.

  수년 전에 기획하고 집필을 마쳤지만 이제사 이 책을 세상에 내놓는다. 굴곡 많은 인생처럼 이 책도 그만큼 우여곡절이 있었다. 돌이켜 보면 악몽과도 같았던 시절이었다. 소설 <장미의 이름>에 나오는 중세 수도원 같은 곳에서 어둡게 지냈던 날들이 이 책에 고스란히 담겼다. 하나님을 빙자하여 세상 욕망을 채우는 사람들에게 이 책은 보잘 것 없다. 쓸데없는 일에 애를 썼다고 비아냥 소리를 들을 법도 하다. 하지만 나사렛에서 목수 일을 했던 예수였다면, 누가 알아주지 않는다고 능히 할 수 있는 일을 대충 하지 않았을 것이다. 우리도 그런 마음가짐이었다. 이 책은 누가 알아주길 바라고 만든 것이 아니다. 지금껏 '독서사고표현' 교육에 전념했던 지난 세월의 열매이며, 목회자들의 설교를 들을 때마다 저 높은 곳에서 들리는 명령에 응답한 것이다.

  이천년 전 바울의 설교를 듣던 청년 유두고는 졸음 끝에 창틀에서 떨어져 죽었다. 그 순간, 집회장은 아수라장이 되었고, 동시에 하나님 말씀은 온데간데없이 사라지고 말았다. 이 상황을 유두고의 재생 기적으로 마무리 한 것은 하나님의 은총이었고, 청년 노동자 유두고를 안타깝게 여긴 바울의 연민이었다. 그처럼 우리가 만든 이 책 한권이 오늘날 교회에서 졸고 있는 수많은 유두고를 깨우는 기적이 되었으면 한다. 언제나 좋은 인연으로 도움을 아끼지 않은 조규익 선생님과 이 책에 영감을 준 들꽃향린교회 김경호 목사님께 머리 숙여 고마운 말씀을 전한다. 아울러 따뜻한 손길로 이 책을 어루만진 학고방 식구들의 노고를 오래 간직하고자 한다.

2010년 10월
이민호 · 방민화

CONTENTS
차례

머리말 - 유두고를 살리는 기적 · 5

제1부 참을 수 없는 설교의 지루함
- 기존 설교문의 문제점 … 11

1. 어디선가 한 번은 - 기존 설교 답습하기_14
2. 애창곡도 한두 번 - 소재와 주제의 빈곤_16
3. 미안하다 삼천포 - 중언부언 두서없는 내용 전개_18
4. 자장면에 단무지는 기본 - 비문(非文) 투성이_20
5. 은혜밖엔 난 몰라 - 독자와 청중 무시_24

제2부 바벨탑이 무너진 진짜 이유 - 기초편 … 29

1. 양떼를 부르는 휘파람도 법칙이 있다. - 좋은 설교문을 쓰려면_31
2. 포도알이 맺혀야 포도송이 - 단어의 선택과 사용_33
3. 한 말씀만 하소서, 내 문장이 곧 나으리로다 - 문장 다듬기 아홉 가지 계명_42

4. 모든 길은 로마로, 모든 문장은 단락으로 통한다. - 단락 쓰기 여섯 가지 원칙_62

5. 회개하라! - 글 고쳐쓰기_87

제3부 원수! 웬수! 누구를 사랑해야 하는가?
- 구성편 … 89

1. 서론 구성의 달인은 약장수 - 서론 세우기_91
2. 최후의 만찬을 이렇게 준비하라 - 결론 내리기_104
3. 인간의 죄목(罪目)보다 제목(題目)이 중요하다. - 제목 정하기_112
4. 설교의 창문 - 예화_118
5. 엘리야, 개요 짜고 예언했다. - 개요 짜기_126

제4부 예수님도 그냥 말하지 않았다
- 수사학, 문체론편 … 133

1. 쓰리(three) '고'와 포(four) '기' - 설교의 목표 : 알리고, 따지고, 타이르고, 얻어내기, 웃기기, 울리기, 부추기기_136
2. 말 문(門) 들어가서 나오기 - 설교의 배열_142

3. 말씀에 무늬 넣기 - 문체의 범주_147
4. 말마다 화장하기 - 비유_153
5. 의사소통 상황에 따른 다섯 가지 언어 변주 - 말투_155

제5부 설교는 커뮤니케이션이다 … 159

1. 청중을 내 몸과 같이 사랑하라 - 청중의 관점에서 출발_161
2. 진리는 청중에게서 나온다. - 성경의 진리와 청중의 삶 접촉_166
3. 또 다시 출애굽하자 - 행동적 실천 유도_172
4. 슬로우 슬로우 퀵퀵 - 말하기 속도와 어휘, 발음, 어조_179
5. 미워도 다시 한 번 - 비언어적 커뮤니케이션 현장, 비디오 촬영 후 다시 보기 : 복장, 시선 처리, 제스처_188

제1부
참을 수 없는 설교의 지루함
- 기존 설교문의 문제점

기도와 복음을 토대로 한 설교가 한국교회를 오늘의 부흥으로 이끈 것은 실로 은혜와 같은 것이다. 웅장하고 화려한 교회 건물과 교회당에 넘쳐나는 신도들이 일요일마다 인산인해를 이루는 풍경은 전 세계 어느 곳을 둘러봐도 보기 힘든 광경이다. 그것은 분명 기적이 아닐 수 없다. 그 놀라운 사역을 일으킨 것은 주님의 절대적 의지와 수많은 교역자들의 희생과 헌신이 있었음은 두 말할 것도 없다. 거기에 신들린 듯한 목회자의 설교가 한 몫을 했음을 오늘날 인구에 회자되고 있는 유명 교회들의 지난 역사가 증명하고 있다. 그럼에도 불구하고 그 놀라운 부흥의 동력이 되었던 그들의 설교가 모두 준비된 것이었나 돌이켜본다면 반드시 그렇다고는 할 수 없다. 비언어적 요소가 훨씬 지배적이었음을 부정할 수 없기 때문이다. 과도한 몸짓과 피를 토하는 호소와 가슴 속을 후벼 파는 울부짖음이 진정한 설교로 자리매김했던 시대가 있었다. 지난 날 그러한 형식이 필요불가결한 것이었음을 또한 부정할 수 없는 것이다. 그러나 21세기에 들어선 지금 그와 같이 정서에 호소하는 설교의 동력은 힘에 부친다. 지금도 교회 예배당 안의 의자는 그대로 있다. 그러나 '간난이, 순득이, 꽃님이…….' 이런 이름을 가진 허리 굽은 백발의 할머니들이 앉아 있던 그 자리는 '배아복제의 생명윤리'를 고민하고, '신자유주의의 전세계적 흐름'에 대해 컴퓨터 앞에서 열띤 논쟁을 버리며 밤을 지새운 젊은 사람들로 채워지고 있다. 그것이 현실이다. 그 엄연한 현실을 받아들인다면, 오늘의 설교문화는 철저히 준비된 것으로 교체되어야 한다. 그러한 의미에서 기존 설교의 문제점을 논리적으로 점검하고 다음 단계로 넘어가는 것이 수순이라 할 수 있다.

1. 어디선가 한 번은
- 기존 설교 답습하기

한국 교회의 강단은 실로 분주하다. 목회자들은 주일 낮과 밤, 수요일 밤만을 계산해도 얼추 일 년에 156회의 설교를 해야 한다는 통계가 잡힌다. 그러다 보니 어디선가 혹은 언젠가 한 번은 들었다 싶은 설교를 또 듣는구나하는 느낌을 갖는 때가 있다. 일종의 기시감(旣視感 ; déjà vu)이라 할 수 있다. 기시현상이 깊어지면 정신이상 상태에 빠진 것임을 의심해 봐야 한다. 한 사람의 성의 없는 목회자 때문에 우리가 주님 곁으로 가기도 전에 벌써 정신이 혼미해져야 되겠는가? 대학 강단에서 이제 10년 강의 노트를 질리도록 녹음기 틀어 놓듯 매 학기마다 해 대는 철면피 교수는 사라진지 오래다. 그랬다간 그 철딱서니 없는 교수는 인터넷에서 유명인사가 되어 세상의 온갖 수모를 견뎌내야 할 각오를 해야 할 테니까 말이다. 교회도 그런 일이 없으리란 법이 어디 있겠는가? 같은 하늘아래.

> 어떤 남자가 주일날이 되어 고민에 빠졌습니다. 주일날 회사 상사의 초대를 받았기 때문입니다. 교회를 다니지 않는 직장 상사는 평소 일 열심히 한다고 따로 챙겨줄 심산으로 그 남자를 일요일 점심 무렵 쯤 보고자 했습니다. 전화상이기도 했지만 선뜻 교회 가야 한다는 말로 상사의 초대를 거절할 수 없었습니다. 두 가지 맘이 있었던 것이죠.
> 누가 보아도 그 상사의 말을 따르는 것이 생활의 지혜가 아닐 수 없었으나 교회에 가지 않는 것 역시 마음의 큰 부담이 되었기 때문입니다. 주차장에서 차를 몰고 아파트 입구를 나서며 갈등은 있었지만 이 남자는 호구지책 때문에 상사가 만나자는 곳으로 방향을 틀었습니다. 그런데 이게 웬 일입니

까? 몇 미터 가지 않아 일요임에도 불구하고 교통 혼잡이 장난이 아니니었습니다. 이래서는 안되겠다 싶어 차선을 요리조리 급 변경해 가며, 적당히 신호도 무시하고, 중앙선도 넘었다 들었다 하며 곡예 운전 끝에 거의 약속 장소에 다다를 무렵, 이건 또 무슨 악운인가요? 앞차가 급정거하는 바람에 앞차를 추돌하고 말았습니다. 큰 사고는 아니었지만, 그것도 보험처리하면 그만 이겠지만, 길가 한 편에서 서서 멍하니 하늘을 보다 그 남자는 아차 싶더라는 거예요.

"내가 벌 받는가 보다" 했다는 것이지요. "이 시간에 여기 있으면 안되는데" 하는 마음의 소리가 저 깊은 곳에서부터 들려오더라는 것입니다. 그래서 가던 방향을 틀어 역시 또 교통 법규 위반을 한 채 중앙선을 넘어 교회로 향했다고 합니다. 그런데 이상하게도 신호는 대통령차 안내하듯 계속 파란불이었고, 차들 역시 홍해가 갈라지듯 피하더라는 거예요. 그래서 가까스로 예배시간에 맞춰 교회에 들어설 수 있었고, 재빨리 자신을 기다리고 있을 직장 상사에게 전화를 걸었다고 합니다. 결과는 어떻게 됐을까요?

전화는 불통이었습니다. 화가 나서 가버렸구나 했다는 군요. 다음 날 회사 가서 싫은 소리 들을 생각하니 걱정이 되기도 했지만, 교회로 방향을 돌리게 선택을 할 수 있게 해 준 주님께 감사했다고 합니다. 그러나 은총은 거기서 끝나는 것이 아닙니다. 그날 그 남자는 저녁 9시 뉴스에서 한 음식점이 가스 폭발로 전소됐다는 소식을 접하게 됩니다. 그 음식점은 바로 그 남자가 상사와 만나려고 했던 그곳입니다. 그 사건은 바로 그 남자와 상사가 만나려 했던 그 시간이었답니다. 그래서 전화가 불통이었다고 합니다.

여러분, 범사에 감사합시다. 하나님의 은혜는 이처럼 자기 것을 희생하고 헌신하는 사람에게 주어지는 것입니다. 만약 그 남자가 생활의 방편을 좇아 갔더라면 이미 불귀의 객이 되어 있을 것입니다. 매사에 하나님 위주로 생활을 했기에 그는 오늘도 생명을 유지하며 살고 있는 것입니다.

이 설교의 핵심은 생활하면서 사소한 것에도 주님의 은혜에 대해 감사하며 살자는 것이다. 그러나 그러한 결론을 도출하는 과정에서 사용된 사례는 너무 익숙한 것이다. 어디 선가 누구에게 선가 한 번은 들은 내용이다. 그것은 '불행중다행', '인과응보'식 이야기 구조이기 때문이다. 목사의 설교를 빌지 않더라도 '세상에 이런 일이', '서프라이즈' 식의 텔레비전 프로그램에서 봤음직한 발상이지 않는가? 혹은 미아리 점집의 역술인들이나 하는 어법은 아닌가? 자기 삶의 불행을 스스로 위안하고 수용하는 자세는 일견 긍정적 삶의 자세처럼 보이기는 하지만 우리의 삶을 운명에 맡기는 것과 아무런 차이가 없다. 나아가 선과 악의 대립을 통해 사람들로 하여금 자기 행동에 죄의식을 갖게 하는 오류를 범하게 된다. 행동함에 있어 매사에 선과 악의 기로에 선다면 인간은 스스로 할 수 있는 것이 아무것도 없을 것이다. 내 판단이 곧 하나님의 의지라는 확신을 갖는 것은 다른 차원의 문제임을 깨닫는 설교내용이 되어야 할 것이다. 그런 측면에서 한 번의 호기심은 자극할지 모르나 오래도록 가슴에 남는 감동과 은혜를 주기에는 미흡하다. 이러한 내용을 듣고 위로 받는 것은 기독교인의 모습은 아니지 않을까?

2. 애창곡도 한두 번
- 소재와 주제의 빈곤

설교의 단골 메뉴 중 하나가 이분법적 편 가름하는 소재와 배타적 주제의식에 기반하고 있는 것이다. 남의 불행의 원인을 그들이 뭔가 잘못해서 그리 되었다고 일갈한다거나 혹은 기독교를 믿지 않아서 그렇게 되었다고 저주하는 단순 흑백논리를 전개하는 것이다. 나아가

타 종교와의 교리적 차이를 부각시켜 나와 다르기 때문에 적이 될 수밖에 없다는 식의 호소를 함으로써 기독교의 우월성을 부각시키려는 의도를 드러내는 경우이다.

> 언젠가 그제 홍해에서 뭐 이슬람 교도들이 배를 타고 홍해를 건너다가 배가 가라앉아서 1000명 이상이 다 수장됐다고 하더라고. 홍해는 이상해. 이스라엘 백성은 통과시키고, 꼭 애굽 사람들만 빠져죽게 만들어. 옛날에나 지금이나, 하나님은 언제나 택한 백성에게 구원과 축복 주시는 줄 믿으시길 바랍니다. 태평양에서 태풍이 올라와도 기도를 세게 하면 올라오다가 중국으로 가고 일본으로 가고 서울까지 잘 안 오잖아. 주여 주여 기도하면 태풍이 오다가 놀래가지고 다 빠지잖아. 강원도로 빠지고 충청도로 빠지고 여기까지는 잘 안 오잖아. 기도발이 세면 역사가 나타나.
>
> 여러분 놀라지 마세요. 지난 번 뉴올리언스에서 몰아닥친 카트리나 허리케인도 수천 명이 죽고 백조 원 이상 재산 피해를 가져온 것도 바로 동성연애 호모섹스에 대한 심판이야. 뉴올리언스에는 해마다 동성연애 축제로 모이는 곳인데 작년에 33번 째 동성애 축제가 있었다고 해. 미국에는 샌프란시스코, 애틀란타, 그리고 뉴올리언스 이렇게 동성연애자들이 모여 사는 데 있어요. 바로 뉴올리언스에요. 그게, 작년에 얼마나 모였냐. 12만 5천 명이 모였다 그래. 그런데 금년 34번째에는 더 큰 규모로 동성애 축제를 하려고 했는데, 이틀 전에 카트리나 허리케인이 그 도시를 싹 쓸어버렸어요. 뒤엎어 버린 거지.
>
> 딴 얘기 좀 할까? 불교는 불행하고, 유교는 유감스럽고, 이슬람교는 이상하고, 무당은 무식해, 반면에 기독교는 기적의 종교야. 석가모니는 자기 혼자 깨닫고 득도하겠다고 처자 버리고 나온 남자 아니야? 이슬람을 봐, 이슬람은 여자 공부 안 시켜. 병원에도 못 가게 해. 이슬람 남자는 마누라가 넷이야. 여기 여성신도를 그러면 좋겠어? 여러분 남편이 마누라 넷 두면 좋겠어? 거기는 지금도 그렇게 해.
>
> 선진국가들은 하나님을 잘 믿어서 부정부패 없이 나라가 정의롭고 행복해. 대한민국 기독교 국가가 되게 하시고, 하나님 잘 믿어 축복받는 나라 되게 하옵소서

이러한 설교는 대부분 시의성을 띠기 때문에 신도들의 관심을 모으고 시선을 집중시키는 것이 용이하다. 그리고 복잡한 설명이나 해석이 필요 없고, 단지 불행을 겪는 사람들은 그들이 무언가 잘못을 저질렀기 때문이라는 식의 단순한 논리가 집단적 호응을 얻는데도 수월해 보인다. 그러나 이런 식의 논리 전개는 남의 불행을 나의 행복으로 삼게 됨으로써 비기독교적 모순을 드러내는 것이며, 자기 자존감을 느끼기보다는 나와 다른 사람들에 대한 차별과 배제, 나아가 분노의 감정을 갖게 되는 우를 범하게 된다. 이러한 논리 전개의 이면에는 소재와 주제의 빈곤이 큰 원인으로 자리하고 있다. 그러한 측면에서 다양한 소재와 일관된 주제의식을 갖기 위해서 끝없는 자기반성과 자기계발이 절대적으로 필요하다.

3. 미안하다 삼천포
- 중언부언 두서없는 내용 전개

삼천포 사람들이 가장 싫어하는 말이 바로 '삼천포로 빠진다'는 말이다. 가고자 하는 목적지를 두고 곁길로 빠져 곤란을 겪게 됨을 빗대는 말이기 때문이리라. 교회에서도 삼천포사람들에게 미안하다는 말을 해야 할 설교가 행해지고 있다. 주제를 분명히 의식하고 일목요연하게 목적하는 결론에 도달하는 것이 아니라 이 얘기 조금, 저 얘기 잠깐 하다 갑작스레 떠오르는 얘기하다 보면 애초에 무슨 말을 하려 했는지 종잡을 수 없게 돼버리는 경우가 있다. 이쯤 되면 말하는 사람은 물론 듣는 사람 역시 뒤돌아서면 하나도 남는 것이 없게 된다.

미국의 초대 대통령 죠지 와싱톤이 1789년 11월 26일 추수감사절로 정하여 미국이 지키게 하고, 링컨 대통령은 11월 마지막 목요일, 루즈벨트 대통령은 11월 셋째 목요일로 바꾸어서 지켜오고 있습니다.

심리학적인 어느 영화의 한 장면이 기억납니다. 프랑스 파리발 미국행 비행기가 갑자기 엔진이 불이나 추락할 지경에 이르게 되었습니다. 스튜어디스가 승객 전원에게 언제 추락할지 모르니 구명대를 메라고 했습니다. 그러자 사람들은 각기 본 모습을 드러냈습니다. 어떤 천주교인은 묵주를 굴리면서 기도문을 외우고, 어떤 기독교인은 의자에 엎드려 주기도문을 외웠습니다. 그중에는 한 화려한 여배우도 있었는데 그녀는 구명대를 멘 후 거울을 꺼내더니 짙게 한 화장을 지우고 눈썹을 떼고 의치를 빼버리고 가발을 벗어 던졌습니다. 그녀는 죽음 직전에야 비로소 껍질을 벗고 자신의 진실된 실체로 돌아온 것입니다.

시편 136편은 시편 중 '감사시'의 대표적 형식입니다. 여기 나타난 감사의 신앙은 이스라엘의 고대 신앙고백을 그대로 이어받고 있는 것입니다. 유태인 감사의 신앙 때문에 그들은 수많은 죽음에서 벗어날 수 있었습니다. 히틀러의 저 유명한 아우슈비츠의 유태인 학살을 상기해 봅시다. 그들은 그 죽음의 현장을 거치며 오늘날 미국과 견고한 동맹이 되어 이슬람 제국들 사이에서도 굳건히 나라를 지키고 있습니다.

요즘 추수 때의 감사하는 마음으로 하나님을 기리는 사람이 거의 없습니다. 그저 목적없이 하루하루를 살고 있습니다. 여러분 부자 되고 싶지요. 부자 되려면 어찌해야 합니까? 요즘 텔레비전에서 여자 탈렌트가 선전하는 것처럼 카드를 막 쓰면 될까요? 정말 카드 문제는 심각해요. 여러분 카드 쓰지 말고 현금 쓰세요. 그게 다 빚이에요. 헌금도 카드로 내는 세상이 올까 두렵습니다.

여러분 거지가 왜 거지인 줄 알아요? 부자를 부러워하지 않기 때문에 거지예요. 부자를 보고 나도 부자가 돼야지라고 생각하면 거지에서 탈출할 수 있습니다. 나라가 잘 되려면 부자를 존경해야 합니다. 나라가 병들었기 때문에 부자를 부러워하지 않고 욕하는 것이에요. 여러분 부자 되세요. 그리고 감사합시다.

> 옷도 싸고 비싼 게 있는 거처럼, 학교도 차별해야 합니다. 공산주의 국가에서나 평등이 있지. 평등은 존재하지 않아요. 그처럼 감사에 대한 은혜 역시 평등하지 않아요. 하나님은 감사의 정도에 따라 그 주시는 것이 다릅니다.

이 설교의 주제는 '감사'에 초점이 맞춰 있다. 그래서 도입부는 미국의 예를 들어 추수감사절이 어떻게 생겼고 어떻게 지켜지고 있는지를 소개하고 있다. 그러다 갑자기 하나의 에피소드를 들고 있다. 진위 여부를 떠나서 이 이야기가 '감사하는 생활'과 어떤 연관을 맺어야 할지 판단이 서지 않는다. 아마도 삶의 진실에 대해 설파하려 한 듯하다. 그래서 진실 되게 사는 것이 감사하며 사는 것임을 비유적으로 강조하려는 것일지도 모른다. 그러나 내용은 다시 '부자 되는' 것에 가 있다. 그리고 마침내 이데올로기 문제까지 거슬러가고 있다. 물론 이들 내용 전개에 있어 '감사'의 문제와 관련을 맺기로 한다면 못 맺을 것도 없다. 하지만 머리가 복잡한 것은 어쩔 수 없다. 설교의 단순 명료함은 미덕이다. 전달하고 수용하는 데에 무리가 없어야 교통하고자 하는 내용이 잘 살지 않겠는가? 이렇게 설교자가 중언부언하는 것은 준비하지 않았다는 방증이며, 신도를 우습게보고 얕본 것이라 할 수 있다.

4. 자장면에 단무지는 기본
- 비문(非文) 투성이

자장면에 반드시 따라 나오는 것이 '단무지'이다. 만약 단무지가 빠진 자장면을 먹게 된다고 생각해 보자. 뭔가 아쉽고 이 빠진 기분일 것이다. 그처럼 설교문 역시 반드시 있어야 할 문장 성분이 빠진다거나 왜곡되어 있다면, 즉, 단무지 먼저 먹고 자장면 먹을 수 없는 것처럼, 문장이 성립되지 않는 설교를 듣거나 읽게 되면 허전하기 그지없다. 입맛 떨어지는 것이다. 그만큼 정신적 충족감을 느끼지 못하게 된다. 내용보다 형식의 뒤틀림 때문에 정작 설교의 맛을 볼 수 없게 되는 것이다.

> 1) 성경에 누가 부활하신 주님을 봤다는 대목이 나오면 은근히 부화가 생기지요. 누구는 이런 신나는 일을 경험케하고 왜 나에게는 이런 부활하신 주님께서 자신의 면면을 안 보이는가 하는 심통이 생겨날 수 있습니다. 그래서 우리는 기대합니다. 이 성경 속의 사건이 나의 사건이 되기를 말입니다.
>
> 2) 문제제기도 못하는 것은 어리석은 모습이지만 문제제기를 할 수 있다는 것은 지혜로운 모습입니다. 그런데 예수님께서 특이하게 도전을 하십니다.
>
> 3) 하나님께서도 우리 삶 가운데 어느 순간인가 최선을 다할 상황으로 몰아갈 때가 있습니다. 최선을 다하는 상황이 돼야만 내 속에 있는 잠재력과 내 자신이 누구인지를 발견하게 된다는 것입니다. 미지근한 인생은 자기 인생도 살지 못합니다. 자기의 가능성도 보지 못하고 살아간다는 것입니다
>
> 4) 계속적으로 순환되는 사이클. 그럴 때 우리가 어떤 난제라도 풀어나가는, 승리하는 모습이 될 수 있다는 것입니다. 그렇게 자유하는 교회를 만듭시다.
>
> 5) 믿음은 하나님을 아는 것이며, 하나님을 신뢰하는 것이며, 하나님의 절대자의 분량을 인정하는 것이며, 하나님을 인간의 불가능에 일하시게 하는 것이다.

> 6) 세상은 <u>작년이 가고 금년의 새해가 와도</u> 바뀌는 것이 없고 낡아져만 갈 뿐이다. 그러나 하나님과 함께 하는 새해는 영원히 새로워지는 것이다. <u>육체의 낡아져가는 인생</u>이 변하여 물과 성령으로 거듭날 때에 본문은 분명히 기록하기를 '옛것은 지나갔으니 보라 새 것이 되었도다'라고 하였다. 세상은 낡아져가고 사라져가는 것뿐이나

위 예로든 설교는 우리가 늘 주위에서 습관적으로 들었던 말투라 할 수 있다. 그러려니 하고 신경 쓰지 않고 들었기 때문에 문장이 성립되지 않는다는 것을 알지 못하였다. 아니면 '또 그 소리' 하면서 졸았을지도 모를 일이다.

예문1)의 경우, '심통'도, '부화'도 생기는 것이 아니다. '심통'과 '부화'는 주격일 때, '나다', '일어나다', '치밀다' 등이, 목적격일 때는 '돋우다', '내다' 등이 쓰인다. 특히, '부화'는 '부아'의 옛말로 현재는 어울리는 말이 아니다.

예문2)의 경우, '모습'은 뜻이 '생긴 모양'을 말한다. 그러므로 이와 호응되는 주체는 정태적인 것이 된다. 그러므로 '문제제기도 못하는 것'이라는 것은 행위이기 때문에 '짓, 일, 행위, 행태' 등이 어울린다. '예수님께서 도전을 하신다'는 말은 도저히 이해할 수 없는 말이다. 그럼에도 불구하고 기독교인들이 항용 쓰는 말이다. 말뜻이야 새겨들으면 모를 리도 없지만, 생뚱맞기만 하다. 아마도 이 말은 '예수님께서 나로 하여금 새로운 일에 도전하도록 동기를 부여하신다'로 해야할 것이다.

예문3)에서 첫 문장의 경우 다분히 우리말 표현이기보다는 번역 투의 문장이다. 아무래도 목사들이 미국유학을 많이 갔다 와서 그런 모

양이지만, 받아들이기에 편안한 것은 아니다. '삶 가운데'는 그저 '삶에서'로, '최선을 다할 상황으로'는 '최선을 다하도록'하면 그뿐이다. '미지근한 인생은 자기 인생도 살지 못합니다.' 이 문장의 주어는 사람이 되어야 한다. 뼈대는 '(사람이) 인생을 잘 살지 못하다'이다. 그러므로 '미지근하게 인생을 사는 사람은 자기 인생을 제대로 잘 살지 못합니다.' 정도로 바꾸어야 할 것이다.

예문4)에서 '승리', '자유'는 설교 중 조미료 같은 것이다. 그런데 좋은 맛은 아닌 것 같다. '승리'는 '하다형 자동사'의 의미가 있음으로, '승리하다'는 '승리하다하다'처럼 되는 것이다. 그러므로 '승리를' '얻다, 쟁취하다. 거두다' 등으로 써야하며, '자유'는 명사이기 때문에 곧바로 동사를 붙여 쓸 수 없다. '자유롭게', '자유로운' 등으로 변화시켜 써야 한다.

예문5)에서, 중복된 소유 현상을 보게 된다. '의'를 통한 소유의 소유는 아무래도 영어식 표현이 아닐 수 없다. 그러므로 '하나님의 절대자의 분량'은 '절대자로서 하나님의 분량' 정도로 고쳐야 한다. '분량'이란 표현도 적절한 것은 아니다. '능력', '권능' 정도로 해야 하지 않을까? 그리고 '하나님을 인간의 불가능에 일하시게' 하는 것도 어불성설이다. '믿음'이 주어가 되었기 때문에 '하나님'이 목적어가 되었지만, 사실 우리말은 생물체가 주어가 되는 것이 옳다. 이 것 역시 영어식 표현이라 할 수 있다. 어찌됐든, 그렇다 해도 이 문장은 다음과 같이 고쳐야 한다. '인간이 불가능이라 여기는 것에 하나님을 일하시게' 정도로.

예문6)의 경우, 문장 내에 또 문장이 들어섬으로써 단순한 내용임에도 무슨 말인지 헷갈린다. '세상은 <u>작년이 가고 금년의 새해가 와도</u>

바뀌는 것이 없고'. 이 문장의 뼈대는 '세상은 바뀌는 것이 없다'이다. 거기에 밑줄 친 부분이 삽입된 것이다. 삽입된 문장은 표현력이 매우 떨어진다. '해가 바뀌고 새해가 되어도' 정도로 하면 그 뿐일 텐데. 더더욱 문장은 단문으로 쓰는 것이 좋다. '세상은 바뀌는 것이 없다. 해가 가고 새해가 와도' 정도로.

설교에서 귀에 거슬리는 것 중에 하나가 과도한 수동태, 진행형 문장의 쓰임이다. 우리말 법이 아니다. 역시 영어의 오염 때문이다. 위의 경우에서도 '낡아져가다'는 말은 전형적인 영어식 문장이다. '낡다' 안에 이미 진행의 의미가 있으며, 결과의 의미를 쓰려면, '낡게 되다' 정도로 쓰면 된다. 그러므로 '육체의 낡아져가는 인생'은 '낡게 되는 육체를 가진 인생' 정도로 써야 한다.

5. 은혜밖엔 난 몰라
- 독자와 청중 무시

한국 교회에서 목회자의 권위는 참으로 대단하다. 그에게 그러한 권력을 집중시키게 된 것은 그가 하나님의 말씀을 대신 전달하는 매개자이기 때문이다. 그렇다면 말 그대로 그가 해야 할 일은 하나님의 뜻을 제대로 전달하는 것에 그쳐야 한다. 그렇게 볼 때 그의 말을 듣는 사람들은 하나님의 말을 최종 전달받는 매우 소중한 존재라 할 수 있다. 그럼에도 목회자들이 대부분 신도들의 반응이나 감정을 의식하지 않고 나 몰라라 식으로 자기 설교에만 열중하고 있는 것이 현실이다. 그것은 성경적이지도 않으며, 현대 자본주의 사회의 소비자 주권이라는 서비스 정신에도 위배된다.

여호와 하나님은 오늘날도 독수리와 같이 날카로운 발톱으로 우리의 안락한 보금자리를 무섭게 흩어버릴 때가 있습니다. 우리의 건강을 흩어버려 장밋빛 같던 얼굴이 창백해지며 건강을 잃기도 하고, 넓고 좋은 집에 살던 사람이 사업이 망해서 사글세방을 살게 하게도 되고, 반석같이 탄탄하던 사업이 하루에 부도가 나 무너지기도 하고, 수십 층 빌딩이 하루아침에 날아가 버리기도 합니다. 고통과 질병과 슬픔을 통하여 고통과 질병과 슬픔이 없는 천국으로 인도하시는 것입니다.

이러한 때에 하나님의 사랑을 의심하면 안 되고 두려워하거나 낙심하면 안 됩니다. 그 <u>무서운 독수리의 발톱이 하나님의 큰 은혜요, 축복임을 알아야 합니다.</u> 재물이 없어지는 것도 다 하나님의 은혜요, 축복임을 깨달아야 합니다.

어느 산오리 한 마리가 먼 나라를 향해 하늘 높이 날아가다가 너무나 배가 고프고 피곤하니까 혼자 떨어져서 쉬어가려고 어느 집 지붕에 내려앉았습니다. 지붕에서 내려다보니까 마당에 자기와 비슷한 집오리들이 고생도 안 하고 편안히 먹고 잘 지내더랍니다. 그 산오리가 주린 배나 좀 채우고 잠시 쉬었다 가려고 내려앉아 모이를 실컷 먹고 나서는, '조금만 더 쉬었다 가자' 하고 하루 이틀 지나다보니 살이 뒤룩뒤룩 쪄서는 막상 날아가려고 해도 지붕 위에까지밖에 날 수가 없어서 포기하고 집오리들과 살다가 어느 날 잡혀서 오리구이가 되어 먹혀버리고 말았습니다. 우리는 세상 사람과 달리 저 높은 곳, 천국을 향해 올라가야 합니다.

어느 부흥집회에 한 젊은 목사가 참석했는데 한쪽 눈이 돌아가서 잘 보지 못하더랍니다. 집회를 마치고 강사 방에 들어와 자기는 누이동생이 홧김에 집어던진 물건에 눈을 맞아 보지 못하게 되어서 그 후부터 누이동생을 걸핏하면 때리고, 비관하고, 폭악해져가고, 술만 퍼마셨는데 어느 날 교회에 나가 십자가를 발견하고 영의 눈이 열리게 되어 기쁨과 행복 가운데 살게 되었다고 하면서 "내 눈 하나와 그리스도와 바꾸었습니다"라고 하더랍니다. 패배와

> 실패를 당하여 "나는 별수 없는 삼류인생이야" 하며 자포자기 하지 말고 눈을 들어 창공을 바라보시기 바랍니다. 큰 꿈과 기대를 가지고 멀리 바라보십시오. 온 세상이 다 나를 버린 것 같아도 사방이 꽉 막혀서 도저히 나아갈 길이 없어도 눈을 들어 전능하신 하나님을 바라보십시오. 그리고 이 절망적인 환경이 바뀔 것을 믿고 기대하십시오. <u>하나님께는 절망이 없습니다.</u>
> 　최근 제가 만난 어느 목사님은 제일 사랑하고 믿었던 장로님이 갑자기 돌아가시더랍니다. 저도 헌금 많이 할 것이라고 믿고 의지했던 장로가 배신하므로 세계가 떠들썩하도록 고통과 시련을 당했습니다. 목사는 하나님만 의지해야지 사람이나 물질을 의지하면 안 됩니다. 하나님은 질투하시는 하나님이라고 했습니다. 물질이나 재산을 아무리 쌓아놓아도 하나님이 부르시면 놓고 가야 하는 것입니다. 안 먹고 안 쓰며 하나님께도 안 드리고 자식한테 물려줘봤자 다 쓸 데 없는 일입니다. 남편한테는 사랑 못 받았지만 자식한테는 효도 받으며 행복하겠지, 하지만 다 소용없는 일입니다. 친구도, 자식도, 아내도, 의지하지 마십시오. 세상 것은 의지한 만큼 상처를 받습니다. 영원히 실망시키지 않는 친구는 예수님뿐입니다. <u>만복의 근원 되신 하나님만 의지해야 하나님이 기뻐하시고 참 만족을 주십니다.</u> 할렐루야!

　이 설교문의 요지는 위 밑줄 친 세 개의 문장으로 압축된다. 첫째, 인간이 겪는 현실적 고통은 하나님이 예정한 것으로 은혜요 축복이다. 둘째, 하나님은 전지전능하여 절망이 없음으로 인간의 고통은 희망으로 바뀔 것이다. 셋째, 그러기 위해서는 만복의 근원인 하나님을 의지해야 한다. 이 메시지는 성경에 기초한 것으로 객관적이고 합리적인 논리를 갖는 것이다. 그러나 이러한 논리를 뒷받침하는 비유적 사례는 독단적인 것이다. 독자나 청중을 설득하기보다는 일방적인 강요에 지나지 않는다.

현실의 고통이 곧 천국의 문을 여는 열쇠가 되는 논리적 관계는 실종되었고, 산오리 집오리의 이분법적 비교는 천박하기 그지없다. 어느 날 갑자기 십자가를 보고 하나님의 은혜를 깨닫고 기쁨과 행복을 얻게 되었다는 것이 하나님의 전지전능함을 보장하지 않고 있다. 그리고 하나님을 의지하는 것이 이웃과 가족을 불신하는 것으로 비쳐지는 오류를 범하고 있다. 이러한 강요와 위협성의 어투는 어디에서 오는가? 그것은 독자와 청중을 배려하거나 의식하지 않는 오만함에서 비롯된다. 정작 설교자는 삶의 고통과 그것으로부터의 해방이라는 중요한 메시지를 갖고 있음에도 불구하고 그것을 논리적으로 해석하여 설명할 수 있는 능력이 없는 것 같다. 다만, '은혜'와 '축복' '믿음'과 같은 관념적 표현에 치중하고 있다. 물론 이러한 관념적 언어가 담고 있는 신학적 이해를 문제 삼는 것은 아니다. 독자와 청중은 이러한 관념적 언어의 포로가 되는 것을 원치 않기 때문이다. 예수님도 적확한 표현과 비유를 생명으로 했다는 것을 성경 여기저기서 목도하게 된다. 그것은 어리석은 민중을 이해시키려는 그의 배려라는 것을 잊지 말아야 한다.

제2부

바벨탑이 무너진 진짜 이유

- 기초편

구약성서 창세기에 나오는 바벨탑은 왜 무너졌을까? 물론 바벨탑이 야훼 하나님에게 도전한 인간의 상징물이기 때문에 그렇게 된 것은 누구나 다 아는 사실이다. 그러나 현대의 바벨탑 같은 한강다리와 강남의 백화점은 무슨 이유로 무너진 것인가? 그것은 굳이 어려운 건축공학을 들이대지 않더라도 기초가 부실했기 때문이다. 그러므로 바벨탑이 무너진 이유 중 하나가 기초가 튼튼하지 못했음을 미루어 짐작할 수 있다. 설교문을 쓴다는 것이 이와 같아서 바벨탑과 같은 상징물을 쌓는 것이 되어서는 안 된다. 설교문의 기초는 하나님의 말씀에 합당한 주춧돌을 놓는 것이다. 그것은 시날(바빌로니아) 사람들이 추구했던 기형적 구조가 아니라 조화의 산물이어야 한다.

1. 양떼를 부르는 휘파람도 법칙이 있다.
- 좋은 설교문을 쓰려면

알퐁스 도데의 『별』이라는 소설을 읽은 적이 있을 것이다. 이 소설은 스테파니 아가씨처럼 철딱서니 없는 인간을 밤하늘의 별과 같은 구도의 길로 인도하는 목자의 이야기라고 할 수 있다. 이러한 의미는 설교문을 쓰는 데 그리 쓸 만한 것은 아닌 것 같다. 오히려 뤼르봉 산에 살던 목동의 휘파람 소리가 궁금하다. 목동이 길게 '휘리릭' 휘파람을 불면, 양떼들은 "(얘들아, 어서 농장을 나와 들판으로 가자)"라고 알아듣고, 혹은 짧게 '휘릭' 휘파람을 불면, "(얘들아, 해가 진다 어서 목장으로 돌아가자)"라고 듣고, 길게 짧게 요란스레 휘파람을 불면, "(얘들아, 흩어져 뛰어 놀아라)"라고 알아듣는다 상상해 보자. 분명 그랬을 것이다. 이처럼 양떼를 움직일 때, 목동의 휘파람소리는 똑같지 않다. 양떼들에게 맞는 형식을 갖고 있다. 그 형식에는 다음과 같은 법칙이 있다.

첫째, 양떼들을 위한 [생각]을 한다.
둘째, 양떼들을 위해 [판단]을 한다.
셋째, 양떼들에 맞는 [소리]를 낸다.

목동은 양떼들이 풀을 뜯고 위험을 피하고 잠자리를 찾는 것을 늘 생각하고 있다. 그래서 그때 그때 그에 맞는 판단을 하고 있다. 그것을 바탕으로 휘파람 소리를 내는 것이다. 위 법칙에서 '양떼'들을 독자나 청중으로 바꾸고, 휘파람 '소리'를 '설교문'으로 바꾸어 보자. 그러면 자연스럽게 설교문의 법칙이 될 것이다.

첫째, 청중을 위한 [생각]을 한다.
둘째, 청중을 위해 [판단]을 한다.
셋째, 청중에 맞는 [설교문]을 쓴다.

이처럼 좋은 설교문을 쓰기 위해서는 설교를 듣는 청중을 생각하고 그 사람들을 위한 판단이 전제되어야 한다. 그래서 설교문은 단순히 설교를 하기 위한 준비글 정도가 아니라 청중을 배려하는 사려깊은 글이 되어할 것이다. 다시 말해 설교자와 청중이 함께 인정하며 자연스레 받아들일 수 있는 일정한 문법이나 어법이나 규약을 준수하는 진술이 되어야 한다. 그것은 설교문이 어떤 지식이나 정보를 단순히 전달하려는 목적보다는 설교를 통해 청중이 하나님의 의지대로 행하도록 설득해야 하기 때문이다. 그러므로 그것에 필요한 수단이나 기법 모두를 동원해야하고 신경을 써야 한다.

이러한 측면에서 설교문 특유의 장점을 살린 완벽한 형식을 찾아 익혀야 한다. 이 책을 통해 그 기본적인 힘을 갖추게 되길 바란다. 우리가 설교문의 이상적인 형식을 찾아내고 그것을 자유자재로 구사하게 된다면 우리는 '잘된 설교문'을 쓸 수 있게 될 것이다. 그러나, '좋은 설교문'이란 그것만으로는 모자란다. '좋은 글'은 '내용'도 좋아야 한다. '잘된 설교문'의 형식은 어떤 이론이나 법칙을 배움으로써만 습득되는 것이다. 그러므로 시간과 노력이 필요하다. 하물며 '좋은 설교문'이 하루 아침에 이루어지는 것은 아닐 것이다. '인간에 대한 성경적 의식과 감각', '신앙에 대한 성찰과 그에 맞춰 사고하려는 태도', '여기서 비롯되는 시의 적절한 판단과 견해'로 이어지는 정신 활동을 일상적으로 행해야 한다. 그러므로 우리는 늘 열심히 보고, 듣고, 읽고, 많이 생각해야 한다.

2. 포도알이 맺혀야 포도송이
- 단어의 선택과 사용

예수님이 말씀하시길 "내가 참 포도나무요 내 아버지는 농부라, 무릇 내게 있어 포도를 맺지 아니하는 가지는 아버지께서 제해 버리시고 무릇 포도를 맺는 가지는 더 열매를 맺게 하려 가지치기를 하시느리라"하였다. 포도송이는 예수와의 관계를 통해 얻게 되는 열매이다.

이때 열매를 맺는다는 것은 내가 무엇을 이루느냐의 문제가 아니라, 예수와의 관계 속에서 내가 어떤 사람이 되는가 하는 선택의 문제이다.

설교문 전체가 참 포도나무라면, 가지는 단락이요, 포도나무는 문장이다. 이 모든 관계의 결과이며 출발이 포도열매와 같은 '단어'라 할 수 있다. 이런 의미에서 단어는 우리가 선택하는 것이다. 그것도 문장과 단락과 완성된 글의 관계 속에서 이루어지는 것이다. 그러므로 단어를 사용하는 데 있어 반드시 선택의 과정이 필요하다. 즉 설교문이 어떤 의미와 효과를 누리냐는 이 선택의 과정에서 결정된다. 그리고 이 선택을 통해 단어는 공적인 입장을 떠나, 사용하는 사람 개인의 도구가 되고, 그것을 사용해서 만들어진 문장에는 그 사람 특유의 개성이 깃들어 있다. 그것이 신앙이며, 신념이라 할 수 있다.

1) 단어의 선택- 골라! 골라!

설교문에 적합한 단어를 선택하는데 있어 무엇보다도 우리가 표현하려는 생각과 하나님의 뜻과 일치하는 정확한 단어를 찾아내어 사용해야 된다. 단어가 가지는 일반적 특성은 그것이 가리키는 대상이 단 하나가 아니라는 사실이다. 즉 가리키는 의미가 같더라도 그 이면에 담긴 의미는 서로 다를 수 있다. 성경에 쓰인 단어 역시 문자 그대로의 의미만을 갖는 것은 아니다. 그것은 말하는 사람과 그것을 받아 적은 사람과 그것을 또 전해 준 사람의 그때 그때의 태도나 방침에 따라서 선택의 기준이 달라지기 때문이다. 예를 들어, "원수를 사랑하라" 했을 때, '원수'라는 단어는 한 가지 뜻으로만 쓰이는 것은 아니다. 통상 '원수'라는 말을 떠올릴 때 우리는 '불구대천(不俱戴天)의 원수'를 말하는 것으로 알고 있다. 즉 개인적으로 같은 하늘 아래 함께 머리 둘 수 없을 정도로 미움을 갖고 있는 사람을 가리킨다. 그러나 성경의 사회 경제 정치적 상황 안에서 볼 때, '원수'의 의미는 개인적 관계에서보다 당시 사회의 공동체적 관계에서 찾아야 한다. 이는 다음의 설교문에서 그 뜻이 잘 드러나고 있다.

> 기독교의 핵심적인 말씀이면서 동시에 성경의 말씀 가운데서 가장 지키기 어려운 말씀이 오늘의 말씀이라고 생각을 합니다. '원수를 사랑하라.' 그런데 지금 예수님께서 말씀하시는 원수는 이렇게 사랑이 전제된 가족공동체 간의 원수관계가 아닌 다른 원수관계입니다. 사실, 이 원수사랑을 우리는 지금까지 개인적인 차원에서 이해하고 그렇게 살려고 합니다만, 실제 오늘 예수님의 말씀은 그러한 개인적인 차원에서 이해되어져야 할 말씀이 아니고 사회적 그리고 공동체적으로 해석되어져야 바른 말씀이 됩니다. 오늘 본문의 말씀을 다시 한번 보겠습니다. "눈은 눈으로 이는 이로 하신 말씀을 너희는 들었다 그러나 나는 이렇게 말한다 앙갚음하지 마라 누가 오른뺨을 치거든 왼뺨마저 돌려 대고 또 재판에 걸어 속옷을 가지려고 하거든 겉옷까지도 내주어라 누가 억지로 오리를 가자고 하거든 십리를 같이 가주어라." 이제 구체적으로 말씀하신 3가지의 원수사랑의 이야기입니다. 그런데 이 3가지 경우의 공통점이 무엇입니까? 억지로 하는 것입니다. 이 말은 완력으로 곧 힘으로 폭력이 전제되어 있습니다. 그런데 폭력이 개인적인 차원에서 이루어지는 제어가 가능한 폭력이 있고, 사회적인 차원에서 이루어지는 공인된 폭력의 경우가 있습니다. 예를 들면 깡패가 지나가는 행인에게 이유 없이 폭력을 쓴다. 이런 경우는 거의 예외 없이 법으로 제재를 가해 중단시킬 수가 있습니다. 그런데 문제는 폭력이 법으로 보장받는 경우가 있습니다. 지금 예수님께서 말씀하시는 원수사랑은 이런 경우를 두고 하는 말씀입니다.
> 예수님께서 사셨던 상황은 유대사람들이 로마의 압제 아래 있었을 때입니다. 정치적인 억압 속에서 구조적인 폭력이 전제되어 있습니다. 개인적인 폭력은 힘으로 대항할 수가 있습니다. 그러나 이러한 구조적인 폭력의 경우는 아예 처음부터 힘으로는 게임이 되지 않습니다. 이러할 때 기독교인들은 그

냥 참고 지나갈 것인가? 아니면 어떻게 대항할 것인가? 이런 잘못된 공권력 앞에서 도망가거나 아니면 같은 폭력의 방법으로 대항하는 일 외에 다른 길은 없는 것일까?

"5리를 걷게 하면 십리를 걸으라." 이것은 로마의 지배 아래에서의 경우를 두고 한 말입니다. 로마 군인들은 자기가 짐을 지고 가다가 힘이 들면 길에 있는 주민들에게 그 짐을 대신 지게 할 수가 있었습니다. 예수님께서 십자가를 짊어지시고 걸어가시다가 힘이 들어 쓰러지자 로마 군인이 구경하던 한 사람, 곧 구레네에서 온 시몬이라는 사람에게 십자가를 대신 짊어지게 하였는데 이 경우도 그런 경우에 해당합니다. 로마 군인들은 자신들의 지고 가던 짐을 피식민지들에게 억지로 지울 수가 있었습니다. 그러나 이것도 법으로 정해져 있어서 5리 까지만 허용이 되었습니다. 만약에 이를 어기면 상관으로부터 벌을 받게 되어 있었습니다. 한 군인이 농부 한사람에게 짐을 지어 억지로 5리를 가게 합니다. 로마시대에 길은 거리 표지가 되어 있어 어디쯤이 오리인지가 그려져 있습니다. 그래서 이 두사람 다 어디 쯤이 5리거리인지를 알고 있습니다. 그런데 그 장소에 다다르자 이 농부가 5리를 더 가겠다고 자원을 합니다. 이때 로마 군인의 마음속에 어떤 마음이 들었을까요? 야 나는 내가 세계의 최고의 군인인 로마 군인으로서 내가 져야 할 짐을 억지로 농부에게 지우게 했는데, 이 농부가 더 하겠다고 나설 때에 자연적으로 로마 군인은 심한 창피를 느끼지 않을 수가 없습니다. 그러다가 잘못하면 상관을 만날 수도 있고 이로 인해 곤경에 빠질 수도 있게 됩니다. 5리를 넘어 10리를 가는 동안 그는 내내 속으로 불안해 합니다. 다음부터는 억지로 짐을 지우는 일을 하지 말아야겠다고 다짐할 것입니다. 이것이 바로 원수를 이기는 비법입니다. 원수가 폭력으로 나왔을 때, 이에 폭력으로 대항하거나 도망하지 않고, 오히려 더 적극적으로 사랑의 방법으로 나감으로 상대방의 무력의 힘을 무력화시키는 것입니다. 아래 다른 나라 사람들의 생명을 앗아가는 일은 결코 평화의 길도 아니요 예수님의 가르치신 기독교의 길도 아니요 자유주의 국가가 취해야 할 입장은 더더구나 아닙니다. 결국, 이는 예수님 당시의 로마가 외쳤던 Pax Romana를 계속 외치는 어리석음입니다. 로마가 죽였다고 여겼던 예수 십자가는 지금도 살아 있고 영원하지만, 영원하리라 여겼던 로

> 마는 이미 오래전에 무너졌습니다.
> (들꽃향린교회 김경호 목사의 설교에서 발췌)

이처럼 '원수를 사랑하라' 했을 때, '원수'라는 단어의 선택이 개인적 차원에서 쓰일 수도 있고 공동체적 관계에서 쓰일 수도 있다. 그러므로 개인간의 관계에 집착해서 '원수'라는 단어를 해석하고 이해하는 순간에 큰 오류를 범하게 된다. 이때 단어를 선택하는 기준이 무엇인가는 일정하지 않다. 말 그대로 그때 그때 상황에 따라 다른 것이다. 그 이야기는 성경 속의 많은 단어들이 돌처럼 굳은 언어가 아니라 상황에 따라 변화의 여지가 있는 생물임을 추측하게 한다. 이러한 인식을 바탕으로 단어를 선택하고 사용할 때 유의해야 될 점을 먼저 살펴보도록 하자.

2) 단어의 사용

단어 사용에 있어서 바르지 못한 것은 애초에 단어 선택을 잘못 했던가, 아니면 문장 내에서 다른 문장 성분과 호응하지 못하는 경우다. 전자의 경우는 앞서 밝혔듯이 글쓰는 사람의 판단과 성찰의 문제라 상황에 따라 다르다. 특히 상투어, 무의미어, 유행어는 함부로 쓰지 않도록 해야 한다. 아주 친근한 사이에서 오고가는 글이나 대화라면 괜찮겠지만 대중이 접하는 설교문에서는 세심한 주의를 기울여야 할 것이다. 대화 현장의 분위기를 부드럽게 이끌려는 심산으로 시쳇말을 아무 생각 없이 사용한다면 본래 전달하려는 내용을 훼손하게 된다. 후자의 경우를 들어 살펴보기로 하자.

예1) 우리는 <u>자유하는</u> 교회에 다니고 있다.

예1)은 어휘나 용어를 문맥에 맞게 쓰지 않는 경우다. '하다'라는 동사는 '~을/를'을 쓰는 목적어와 만나 행위를 뜻한다. 그러므로 '자유하다'에는 조사 '를'이 생략되어 있다. 그래서 '자유를 하다'라는 말은 맞지 않다. 이 경우 '자유롭게 하는'으로 고쳐야 한다.

예2) 그런 <u>자(者)</u>가 그 <u>주제</u>에 천당<u>이란 곳</u>에 갈 수 있겠습니까?

예2)는 객관성을 상실하여 주관적 단어를 쓰는 경우다. '자(者)'는 '사람을 얕잡아 가리키는' 말이며, '주제'는 '주제꼴'의 준말로서 '변변치 못한 몰골'이란 의미를 갖고 있으므로 가리키는 대상을 역시 폄하하는 말이다. '천당이란 곳'은 '천국'을 인정하지 않는 화자의 내면을 드러내는 말이다. 이처럼 주관이 많이 개입되어 있거나 감정이 섞인 단어는 논리 전개에 있어 설득력을 잃게 하며, 객관성을 상실하여 일방적이고 독단적인 주장에 머물고 만다. 아울러 듣는 사람으로 하여금 내용과는 관계없이 혐오감을 느끼게 한다.

예3) 전국에 신학교가 우후죽순처럼 <u>산재해 있다.</u> 교회는 성경을 가지고 <u>교훈하고 책망하고</u> 바르게 교육시켜 하나님의 사람을 키워야 하는 것이다.

예3)은 쉽게 써도 될 것을 어렵게 쓰는 경우다. 한자 어투의 말이나, 일본어투의 '~적'이라는 말을 일부러 쓰는 것은 자기 지식을 자랑하려는 마음이 자리하고 있음을 청중들은 금방 알 수 있다. 그것은 듣는 사람을 배려하지 않는 태도로서 설득력 있는 논리 전개와는 무관한 것이다. 이 경우, "전국에 신학교가 우후죽순처럼 퍼져있다. 교회는 성경을 가지고 가르치고 타일러 바르게 가르침으로써 하나님 사람을 키워야 할 것이다." 정도로 바꾸어야 한다.

> 예4) 나의 믿음은 똑똑한 사람의 <u>그것</u>보다 단단합니다. 제가 아무리 멍청하고 똥고집이고 한심한 사람이라 할지라도 <u>그것</u>보다 더욱 확실하고 분명한 것은 주님께서 <u>이런</u> 저를 결코 버리지 아니하시며 결코 떠나지 않겠다고 굳게 약속하셨다는 점입니다.

예4)는 지시어를 그릇되게 쓰는 경우이다. 지시어는 앞서 말한 내용을 다시 한번 말할 때 쓰인다. '이것, 그것, 저것(대명사)', '이렇게, 그렇게, 저렇게(부사)', '이, 그, 저(관형사)', '이러하다, 그러하다, 저러하다(형용사)'의 형태로 불필요한 반복을 피하기 위해서 쓰인다. 위에서 앞의 '그것'은 너무 자주 접해 우리말처럼 굳어버린 영어식 표현이다. 빼고 다시 써야 한다. "내가 똑똑한 사람보다 믿음이 단단합니다."라고. 뒤의 '그것'은 군더더기로서 감정을 절제하지 못해 버릇처럼 쓴 것이다. '이런'은 가리키는 내용을 다시 한 번 써야 의미가 확실하다. 진술하는 내용이 멀기 때문이다.

> 예5) 우리가 어렸을 적 크리스마스 때가 되면, 교회에 <u>갔었었고,</u> 거기서 껌과 쵸코렛 같은 것을 받아먹었다. 지금은 우리가 아프리카나 동남아에 가서 우리가 먹었던 것들을 나눠 주고 있다. 하나님의 은혜가 우리로 하여금 그러한 역사를 건설 <u>중에 있으며,</u> 그렇게 <u>되어질 것입니다.</u>

예5)는 시제를 어색하게 쓰는 경우다. 밑줄 친 부분은 영어로 말한다면 대과거나, 현재진행 수동태의 시제를 취하고 있다. 그러나 우리말에서는 대과거니 현재진행형이니 하는 것은 쓸 수 없다. 우리말은 시간을 자유롭게 표현하는 장점이 있기 때문이다. 우리말에는 시간을 알 수 있는 부사어가 많이 있어서 시간을 표현하는데 어려움이 없다. 시제에 신경을 쓰다보면 문장이 꼬이게 되고 부자연스럽다. 그래서 '갔다'를 '갔었었고' 하는 식으로 쓰는 것은 어색하다. '중에 있으며, 되어질 것입니다.'는 영어의 분사 수동태 구문을 그대로 쓰고 있는 것이다. 우리말에는 '- (하)고 있다, - (하)는 중이다. - 어 가다, - 곤 하다'로 현재 진행을 표현한다. 특히 '되어지다'는 말 역시 너무 많이 써서 듣기에 불편할 뿐이다. 우리말에는 피동이나 수동태는 잘 쓰지 않는다.

> 예6) 그는 믿음①에 있어서 남보다 깊은 사람이다. 오래전 인간적인 삶② 으로부터 자유로와 꽃③에게 말을 걸기도 한다. 그는 ④사랑의 전파를 행하고 있는 것이다. ⑤하나님의 역사하심의 증거의 표본이 아닐 수 없다.

예6)은 우리말 오염의 전형적인 경우다. 실제 조사(토씨)를 사용하는 데 있어 영어나 일어를 직역해 사용하는 경우가 많다. ①과 ②는

영어의 'from'을 직역한 것으로 문장 전체를 번역투로 만들어 어색하다. '①면에서, ②에서'로 고쳐야 한다. ③에서 '에게'는 사람이나 동물에만 붙이고, 식물과 무생물에는 '에'를 붙인다. ④와 ⑤는 일본말 '노(の)'에서 온 것이다. '의'를 생략해도 의미 전달에 아무 문제가 없는데도, 굳이 쓰는 것을 보면 아직도 우리말에 일제의 식민지 잔재가 남아 있음을 보게 된다. ④는 목적어와 서술어 관계로 풀어서 써야 한다. "사랑을 전파하고 있다."로 ⑤는 풀어 쓰지 않고, 압축하려다 보니 '의'를 많이 쓰게 된 경우다. '하나님이 역사하신다는 증거를 보여준 표본' 정도로 고쳐야 한다.

> 예7) 하나님께서는 우리에게 사랑의 주님이시기도 하셨지만, 심판의 주님이셨다. 하나님, 저희나라를 살펴주십시오.

예7)은 지나친 존칭과 겸양을 쓰고 있다. 물론 절대자 앞에 인간의 실존은 보잘 것 없는 것이다. 그래서 하나님을 거명하는 말에 정중하고 부드러운 느낌을 주어야하는 것은 당연한 것이다. 그러나 설득적인 글에는 군더더기 없는 명징함을 느끼지 못하게 하는 것 같다. 특히, '저희'는 지나친 겸양의 표현으로 어색하기 그지없다. 하나님 앞에 겸손한 것은 말하는 사람이 아니라 '나라'이다. 하나님에게 '저희 나라'라 함은 하나님과 딴 살림 차렸다는 의미로 받아들일 수밖에 없다. 오히려 더 불경스런 것은 아닌가? 위 문장을 다음과 같이 바꿔보자. "하나님은 사랑의 주님이며, 심판의 주님이었다. 하나님, 우리나라를 살펴주십시오."

3. 한 말씀만 하소서, 내 문장이 곧 나으리로다
   - 문장 다듬기 아홉 가지 계명

　백인대장의 종이 중병에 걸렸을 때 예수님이 말끔히 낫게 해 준 일을 떠올려 보자. 될 수만 있다면 예수님에게 가서 지금 우리가 부리고 있는 문장이 몹시 큰 병에 걸렸으니 한 말씀만 하소서 하고 매달리고 싶은 심정이다. 성경에 따르면 예수님은 백인대장의 믿음만으로 종의 병을 낫게 하셨다. 그렇지만 요즘 설교문에 쓰이는 문장들은 예수님이 직접 손을 쓰지 않고는 안 될 지경에 있다.

　앞에서 하나의 문장을 포도나무에 비유하였다. 그러므로 문장이 온전치 못하다는 것은 포도나무가 썩는 것과 같다. 그래서 이대로 우리가 그릇된 문장을 계속 쓰게 된다면 포도나무인 예수님을 두 번 죽이게 될 지도 모른다. 백인대장이 예수님으로부터 칭찬받았던 덕목은 뭐니 뭐니 해도 겸손과 현명한 몸가짐이다. 그의 겸손은 상대방을 충분히 이해하고 헤아리는 데서 나왔다. 그처럼 문장을 사용할 때도 듣는 사람을 배려해야 한다. 또한 그의 현명함은 자기 확신에서 비롯된다. 다시 말해 예수님이 굳이 몸을 움직이지 않고 한 마디 말만으로도 모든 것이 성취되리라는 믿음이 있었다. 그처럼 우리가 평소 문장을 쓸 때 자기 확신을 갖고 있었는지 생각해보자. 겸손하기보다는 비주체적이었으며, 자기 확신보다는 남에게 의존하기 일쑤였다. 그러한 그릇됨을 몸 낮추고 예수님에게 고백해야 한다. 한 말씀만 해 달라고. 아마 그 답으로 예수님이 다음과 같이 말하지 않을까?

1) 풀어써라

우리말이 첨가어라는 소리는 들어봤을 것이다. 또 영어가 굴절어라는 말도 들어 봤을 것이다. 어렵다면 한 없이 어려운 이야기지만, 간단히 말한다면, 단어에 조사를 붙여(첨가) 쓰는 것이 우리말이고, 단어 자체를 변형(굴절)시켜 쓰는 것이 영어다. 요즘에 영어식으로 문장을 쓰다보니 명사형을 자주 사용하고 있다. 그렇게 되면 다음과 같이 말은 압축된다.

"영성 부재가 가장 먼저 지적되는 큰 문제점이다" 이 말을 풀어쓰면 다음과 같다. "영성이 없는 것을 가장 큰 문제점으로 지적하고 있다." 이렇게 풀어 쓰려면 관형사형 어미를 줄이고 우리말에 다양한 변화를 주어야 한다.

"내게 아직 많은 사랑이 남아 있습니다." 누군가에게 보내는 우리의 사랑이 이렇게 어색해서야 될까? 사랑 앞에 꾸미는 말이 있는 것은 왠지 불편하다. 사랑을 무슨 말로 꾸밀 수 있을까? '많은'이라는 말만 붙여서 그렇지 더 붙이면 어떨까? '많은 아름다운 고귀한……' 이런 어법은 '앙 선생님'이 주로 사용하는 것이 아닌가? '앙 선생님'이 누구지? 패션 디자이너 그 분. 그 분을 비난할 생각은 없다. 그러나 틀림없이 외국어 어법 때문에 어색하게 우리말을 사용하는 경우다. 절대 '사랑(체언)'을 많은 말로 꾸미지 맙시다. "내게 아직 사랑이 많이 남아 있습니다." 하면 간단하지 않을까?

좀 더 긴 문장의 예를 들어 보자. "교회에 대한 전통적 정의의 하나인 '교회는 영적 유기체이다.'가 신학적으로 정확한 정의일 수 있는가에 대해 제기된 많은 비판이 있었다." 미국 유학 갔다 온 목사님들이 영어의 복문에 익숙하다보니 우리말도 이렇게 쓰는 경우가 많이 있다. 듣다보면 도대체 무슨 말을 하는지 종잡을 수 없게 돼버리고 만다. 짧게 끊어 풀어 쓰면 해결될 문제다. "전통적으로 '교회는 영적 유기체이다.'라고 정의하고 있는데, 이것이 신학적으로 정확한지에 대해 많은 비판이 제기되고 있었다."

이스라엘 백성이 출애굽하여 광야에서 방황하던 중 먹을 것이 떨어졌을 때 하나님이 싸락눈처럼 뿌려준 것이 만나였다. 매일 만나를 먹으면서, "먹음으로 인하여, 먹음에도 불구하고, 먹음에 의해, 먹음과 동시에, 먹음을 이유로, 먹음을 가정하고, 먹음을 조건으로, 먹음을 전제로, 먹기 위해서" 이렇게 쓰면 체하지 않을까? 우리말 모양이 아니기 때문이다. '먹어서, 먹어도, 먹으니까, 먹자마자, 먹는다해서, 먹는다해도, 먹는다손치더라도, 먹으면, 먹으려고'와 같이 자연스럽고 다양하게 써야 한다. 이처럼 우리말은 기본 용언 하나에 활용할 수 있는 어미를 많이 가지고 있다. 그만큼 표현에 있어 섬세하다. 그 섬세함을 죽여서야 쓰는가?

그래서 "하나님 안에서 자유함을 결심해야 한다"고 해서도 "예수 있음에 나는 행복합니다" 해서도 안된다. "하나님 안에서 자유롭게 살 것을 결심해야" 하고, "예수가 있어서 나는 행복하다" 고백해야 한다. 이처럼 아무데나 'ㅁ'을 붙여 명사절을 만들어 쓰는 경우가 있다. "다윗은 골리앗을 물리칠 수 있는 지혜로움이 있었습니다." 결코 지혜롭지 못한 이 문장은 다음과 같이 고쳐야 한다. 방법은 부사형을 사용하는 것이다.

"다윗은 지혜롭게 골리앗을 물리쳤습니다."

"고난이 물밀 듯 밀어닥침에도 불구하고 초대교회 사람들은 오직 예수님만을 따르기로 했습니다. 그들은 하나님 나라를 이 세상에 만들기 위해 기도하고 또 기도했습니다. 모든 것은 하나님의 통치권에 의해 이루어지는 것이기 때문입니다." 이 문장은 영어나 일어를 직역한 것이나 마찬가지다. 'in spite of', 'for', 'by'와 같은 영어 관용어구를 달달 외었기 때문에 낯설지 않지만 이런 말을 계속 쓰다보면 우리말로 찬양 한 번 제대로 못하게 되는 불행은 어찌해야 할지 걱정이 된다. 풀어쓰자. 그 방법밖엔 없다. "고난이 물밀 듯 밀어닥쳐도 초대교회 사람들은 오직 예수만을 따르기로 했습니다. 그들은 하나님 나라를 이 세상에 만들려고 기도하고 또 기도했습니다. 모든 것은 하나님이 가진 통치권으로 이루어지는 것이기 때문입니다."

우리말을 장식처럼 쓰는 경우를 더 살펴보자. 한자어나 일본어를 도를 넘어 사용하는 경우 그러한 일이 벌어진다. "**부흥회시 기도에 전념하자. 전도 폭발 모임 개최.**" 이런 말들이 교회 벽면을 감싸고 있는 것을 본 일이 있을 것이다. 우리말을 줄여 쓸 생각으로 한자어로 압축하다 보니 말뜻을 제대로 전달하지 못한다. "**부흥회때 기도를 열심히하자.**"하면 될 것이다. 더불어 '전도'는 왜 '폭발'하는가? 글잣수 몇 개 줄여서 득볼 생각 말고 풀어쓰자. "**널리 전도하도록 모임을 개최합니다.**" 이런 말도 들어 보았을 것이다. "**부활에로의 초대, 태신자에서의 도전.**"할 때, 우리말은 겨우 조사나 어미 정도만 쓰였을 뿐이다. 이것은 일본말의 흔적이다. 다음과 같이 풀어 쓰자. "**부활로 가는 길로 초**

대하기, 모태신앙을 가진 사람에게 주어진 도전."

2) 생명 있는 것을 앞세워라

이 세상에 생명을 가장 소중히 여기는 말이 있다면 그것은 우리말인 것 같다. 왜냐하면 항시 생명을 가진 것이 주어가 되기 때문이다. 그러나 영어는 그렇지 않다. 모든 사물이 문장의 주체가 될 수 있다. 그것이 평등한 사유처럼 보인다면 할 말은 없다. 그러나 오히려 생명 있는 것들이 사물에 종속되기 때문에 문제가 된다. 서양 문화가 그런 것이 아닌가? 생명을 함부로 다루고 경제성과 효율성만을 최고의 가치로 여기지 않는가? 그래서 오늘날 영어를 사용하는 민족이 세계를 지배하고 있기는 하지만 말이다.

우선 사람을 먼저 주어로 삼아 문장을 쓰자. 한 문장에 여러 사람이 있다면 먼저 앞세울 사람을 따지자. 장유유서(長幼有序)는 지키자는 것이다. 만약 사물과 사물이 함께 있으면 그 중 중요한 것을 주어로 삼으면 된다.

하이든은 1808년에 오스트리아에서 유명한 '천지창조'를 발표하였다. 연주가 끝난 후 하이든은 하늘을 우러러보면서 다음과 같이 말했다고 한다. "**이 작품은 나에게서 나온 것이 아니라, 하나님께로부터 온 것입니다.**" 이 말은 모든 영광을 하나님께 돌리는 깊은 신앙의 예로 든 것으로 우리가 성령과 함께 할 때만이 새로움을 창조할 수 있다는 것을 강조하고 있다. 그러나 어째 하나님보다 작품이 더 위대해 보이는 말투다. "내가 이 **작품을 작곡했지만, 하나님을 대신해 썼을 뿐입니다.**" 하면 좋지 않을까?

인간이 죄를 많이 지어서 그런지 사물이 사람처럼 앞에 나서는 경우가 많다. "노아의 방주가 아라랏 산에 닿기까지, <u>홍수가 낙엽처럼 방주를 흔들었다.</u>" 아무리 인간의 죄가 크다 해도 그 생명을 하나님이 살리기 위해 방주 만드는 비법을 알려주지 않았는가? 그러니 밑줄 친 부분은 "**홍수에 방주가 낙엽처럼 흔들렸다**"하는 것이 낫겠다.

요즘엔 아무데나 '되다·지다·시키다'를 붙이기도 한다. "이 세상 지옥과 같은 죽음의 불이 꺼지면 예수 믿지 않는 사람들은 불안이 되고, 천국의 문이 열어지고 하나님 나라를 실현시키면, 우리 주님께서 진정 구세주로 불리워진다." 이 저주의 말은 하나님의 말씀이라 여겨지지 않는다. "이 세상 지옥과 같은 죽음의 불이 꺼져서 예수 믿지 않는 사람들은 불안하게 되고, 천국의 문을 열고 하나님 나라를 실현하면, 우리 주님을 진정 구세주로 부를 것이다."라고 바꾸자.

이러한 현상은 겸손한 척 할 필요가 있다거나 책임지기 싫은 경우에 더욱 심해진다. "**그녀는 결국 그렇게 해서 예수를 사랑하게 되어졌다고 라고 생각 되어집니다.**" 심하게 그릇된 경우이지만, 이처럼 '피동'을 두세 겹으로 만들어 쓰지 말자. 예수를 사랑하는 것은 주체적인 결정이며, 그렇게 판단한 것도 겸손할 필요가 없는 것이다. "**그녀는 결국 그렇게 해서 예수를 사랑하게 되었다고 생각됩니다.**" 그러므로 하나님에게 고백할 때도 믿음을 갖고 '되어지기'를 기도하지 말고, '된다'고 말하자.

다시 한 번 기억할 것이 있다. '피동'을 쓰는 우리 마음속에 무언가

피해의식이 자리하고 있다는 것이다. 과거 어두운 역사 속에 움츠리고 숨고 지낼 수밖에 없었던 정신적 상처 때문이다. 그러나 이제 어두운 그늘에서 벗어날 때도 되지 않았는가?

3) 번역하지 말라

우리말이 외래어로 심각하게 오염된 현실을 여기저기서 목도하게 된다. 영어나 한문 일어는 우리말과 분명히 다른데도 우리말을 외래 문장 직역하듯 쓰는 사람들이 많다. 그러한 말들은 꼭 외래어를 우리말로 번역한 듯해서 어색하기 짝이 없다. 반복되는 얘기지만 우리가 전통적으로 한자 문화권에 속해 있었기 때문이며, 일제 강점기를 지낸 불행한 역사의 산물이라 할 수 있다. 오늘날 미국을 비롯한 서양문화가 여과 없이 우리 생활 속에 스며든 결과이기도 하다. 교회에서 행해지는 설교가 그런 세상의 그릇된 모습을 닮지 않았으면 좋겠지만 오히려 더 심각한 것은 아닌지 되돌아보아야 할 것이다.

한국 사람들은 공동체 의식이 강한 전통이 있기 때문에 '나'보다는 '우리'를 강조한다. 그것은 말 속에도 배어 있다. 그래서 "나의 **신앙의 핵심은 나의 성경책에 다 들어 있다.**" 라고 잘못 버릇을 들인 탓이다. "**우리 신앙의 핵심은 우리 성경책에 다 들어 있다.**" 해야 우리다운 말투다. '우리'라는 말이 맘에 들지 않는다면 적어도 '나의'는 '내'가 되어야 한다.

지난 학창시절 영어 공부하면서 귀에 못이 박힌 말 중에 하나가 '물주구문(物主句文)'이다. 말 그대로, 사물이 주어가 되는 구문이란 뜻이다. 앞서 말했듯이 우리말은 사람이 주어가 되는 것이 옳은데, 사물을 주어로 쓰게 되면 사람 꼴이 어떻게 되겠는가? 사물에 치여서 피동적 주체가 되고 만다. "그의 집은 언제나 교회 근처에 <u>위치하고 있었습니다.</u> 그에게 하나님의 은혜가 충만했다는 사실을 <u>아무리 강조해도 지나치지 않습니다.</u> 참 기독교인으로 살아 왔음을 그의 신앙이 잘 <u>대변해 주고 있습니다.</u> 그러므로 그의 잘못에도 <u>불구하고</u> 진실한 고백은 분명히 있어야 합니다." 밑줄 친 부분은 설교문에서 너무나 낯익은 것이다. 역설적으로 낯설게 하도록 하자. "교회 근처에 그의 집이 있었습니다. 그에게 하나님의 은혜가 충만했다는 사실을 반드시 알아야 합니다. 그가 참 기독교인으로 살아왔음을 그의 신앙을 통해 알 수 있습니다. 그러므로 그의 잘못에도 진실하게 고백해야 합니다."

우리말을 지배하고 있는 것 중 다른 것 하나가 영어 'have'를 그냥 가져다 쓰는 경우다. "아담과 이브는 아이 둘을 갖고 있었는데, 하나는 형인 카인이고 다른 하나는 동생인 아벨이다." 아무리 아담과 이브가 하나님의 미움을 사 에덴동산에서 쫓겨났다 하더라도 그들은 하나님의 형상을 따라 지어진 사람이다. 그러므로 그들의 자식들을 물건처럼 소유해서야 되겠는가? 우리는 사람을 인격체로 여기지 사물처럼 소유의 대상으로 삼지 않는다. 그러므로 "아담과 이브에게는 아이 둘이 있었다." 해야 한다.

"우리들의 대부분은 이러한 사실을 잘 모르고 버릇처럼 쓰고 있다." 이 내용이야 맞지만, '대부분'이 놓일 자리가 틀렸다. '대부분'과 같은 부사는 용언과 어울리면서 우리말의 특성을 잘 드러내기 때문이다. "우리들은 이러한 사실을 대부분 잘 모르고 버릇처럼 쓰고 있다." 그러므로 '교회의 대부분', '성경구절의 대부분' 하는 식의 말은 그만 쓰자.

4) 일치되게 하라

기독교에서 가장 중요한 교리 중 하나가 삼위일체인 것은 누구나 잘 아는 사실이다. 하나님 아버지께서 독생자인 예수그리스도를 이 땅에 보내시어 성령으로 인류를 구원한 삼위일체의 신비를 우리는 고백하지 않을 수 없다. 그런데, 왜, 우리말의 삼위일체는 가볍게 생각하는지 모르겠다. 주어와 목적어와 서술어의 일치를 이 번 기회를 빌려 새삼 되새겼으면 한다.

문제는 문장이 길어질 때다. 우리말에서 주어가 생략되는 경우가 많기 때문에 문장이 길어지면 어느 주어가 어느 서술어와 어울리는지 헷갈릴 수가 있다. 그리고 문장을 길게 쓰다 보면 주어와 목적어의 호응이 이루어지지 않는 경우도 있다. 그러므로 문장을 계속 연결해서 쓸 때, 주체가 불분명하거나 목적어가 생략되어 있다면 이어진 문장을 쓸 때 한 번 더 밝혀 쓰는 것이 좋겠다. 가장 중요한 문제 해결 방법은 문장을 짧게 끊어 쓰는 것이다.

"성령과 끊임없이 인격적 관계를 유지하고, 문을 두드리게 할 때에, 후하게 응답을 듣는 것을 경험하게끔 되는 것이다." 이 문장에서 주어는 생략되었다. 아마도 주어는 '우리가(내가)' 일 것이다. 그 생략된 주어 '우리'의 서술어는 '유지하고', '두드리게 하고', '경험하게끔 되다'이다. 벌써 한 개의 주어에 여러 개의 서술어가 붙게 되어 혼란스럽기 그지없다. 또 하나 서술어가 주어와 일치하지 않는다. '두드리게 하고'는 주어가 시킴의 대상이 되고 있다. '우리'가 주체적으로 서술어처럼 하는 것임으로 모두 통일하여 능동으로 일치시켜야 한다. "성령과 끊임없이 인격적 관계를 유지하고, 문을 두드릴 때, 후하게 응답을 듣게 되는 경험을 하게 된다."

"감옥에 들어가는 시험이 내렸다." 이 문장은 주격조사(- 이/가)가 서술어와 호응하지 않는 경우다. 흔히 주격조사를 아무데나 붙여 혼란스럽게 되는 것이다. 이 문장의 내용을 보면, 시험을 내린 주체를 생각지 않은 것 같다. '시험'이라는 현상에만 관심을 둔 것으로 인간이 시험 받게 되는 이유나 하나님의 의도는 안중에도 없는 태도라 할 수 있다. 그러므로 "감옥에 들어가는 시험을 치렀다." 아니면 "감옥에 들어가는 시험이 내려 졌다"라고 해야 한다.

"우리 선열들이 순교의 피를 흘렸기 때문에, 오늘날 이와 같은 교회의 평화를 정착했다." 두 개의 문장이 연결되면서 주체의 일관성을 깜박 잊은 경우다. '선열들이' '정착한' 것이 아니라 '평화가' 정착되었으므로, "～ 교회의 평화가 정착되었다." 혹은 "～ 교회의 평화를 정착시켰다."로 해야 한다.

"제사장들은 예수 무덤을 지켰던 경비병들을 은전으로 회유하여 예수의 시신을 예수의 제자들이 훔쳐갔다는 거짓 소문을 퍼뜨려 예수의 부활을 듣고 몰려든 군중들을 해산했다." 이 문장의 뼈대는 '제사장들은 ～ 경비병들을 회유하여 ～ 해산했다'이다. 이것만 보면 예수의 부활을 확인하러 몰려든 군중을 해산시킨 것이 아니라, 오히려 '제사장들'이

해산한 것처럼 여겨진다. 이 경우 주어부와 서술부를 나누어 호응 관계를 일치시켜야겠다. 그래서 "제사장들은 ~ 소문을 퍼뜨려 ~ 해산시켰다"로 만들어야겠다.

"환청과 환영이 어른거리는 것을 보니 그 여인은 귀신 들린 것이 분명하다." 우리는 일곱 귀신 들린 막달라 마리아와 자신의 죄를 참회하며 예수님 발에 기름 붙고 자신의 머리로 닦았던 창녀 막달라 마리아를 혼동하고 있다. 이 문장도 그렇다. '환청과 환영'이 있다는 사실 만을 염두에 두고 '환청'에 해당하는 서술어를 밝혀 적지 않은 데서 두 현상은 서술어가 동일한 것처럼 혼동이 된다. 앞의 두 여인이 다르듯 이들의 서술어도 구별해 써야 한다. "환청이 들리고 환영이 어른거리는 것을~"

"묵과할 수 없는 것은 백성의 타락과 권력과 종교의 부패였고, 회개하고 돌아오라 외치게 된다." 이 내용은 양떼 치던 아모스 선지자가 유다의 타락상을 보다 못해 하나님의 부르심을 받고 나선다는 이야기에서 가져왔다. 답답한 것은 유다왕국의 타락만이 아니라 아모스 선지자가 왜 그렇게 외치고 돌아다니는지에 대한 인과 관계가 분명하지 않다는 데 있다. 그리고 뒷문장의 주체도 분명하지 않다. 그래서 우리도 외치고 싶은 것이다. 앞 뒤 호응관계를 생각하며 문장 쓰자고! "묵과할 수 없는 것은 ~ 부패였다. 그래서 아모스는 회개하고 돌아오라 외치게 된다."

"<u>요즘 대중문화가</u> 자본을 등에 업고 일반 사람들의 그릇된 욕망을 부추기고 있다는 <u>여론이다</u>. 이에 대해 <u>교계는</u> 모든 죄인들은 하나님 앞에서 사랑의 대상이지만 죄의 관습에 대해 무한한 관용을 베풀어서는 안 된다는 <u>주장이다</u>." 신문에서 자주 보게 되는 말투다. '~라는 ~이다' 식의 말버릇은 능동적이지 못하다. 주어 '대중문화가' '교계'가 서술어 '여론이다', '주장이다'와 어울리지 않는다. 그리고 주체가 분명하지 못해 내용 전달에 있어 설득력을 잃기 쉽다. 간단히 '~(라)고 한다. ~것 같다'라고 하자. "요즘 대중문화가 자본을 등에 업고 일반 사람들의 그릇된 욕망을 부추기고 있다고 교인들은 판단하고 있다. 이에 대해 교계는 모든 죄인들은 하나님 앞에서 사랑의 대상이지만 죄의 관습에 대해 무한한 관용을 베풀어서는 안 된다는 주장을 하고 있다."

다음은 도대체 무슨 내용인지 파악되지 않는 경우다. "보이지 않은 성령의 주도권적인 사역현상과, 인위적인 방법으로는 불가능한, 교회 성장학적으로는 설명이 부족한 현상과, 놀라운 양적 팽창에서 나오는 비전들, 이것들은 성령의 주권하에서 주도적으로 하시는 일임을 알아야 한다." 소위 많이 배운 사람들이 자기 지식에 눌려 낭패를 보는 경우라 할 수 있다. 이런 경우는 어디서부터 고쳐야 할지 난감하다. 다시 쓰는 수밖에 도리가 없다. "보이지 않는 성령의 주도에 따라 이루어진 사역들은 사람이 한 일 같지 않다. 교회 성장역사를 보더라도 극히 드문 현상이고 놀라운 일이다. 양적 팽창 속에 우후죽순 번지는 꿈의 설계들은 모두 성령의 품에서 일어나는 일임을 새삼 깨닫게 된다."

5) 가까이 놓아라

예수님께서 마지막까지 가까이 곁에 두신 제자가 있다. 베드로와 요한과 야고보이다. 그리고 마지막 날에 "나를 위해 기도해 달라"고까지 했다. 왜 유독 이들만 챙기셨을까 의문이 든다. 물론 이들이 예수님의 귀염 살 만한 행동을 했기 때문일 것이다. 이 세 제자에게 예수님은 '주(主)'였으며, '목적'이었다. 그렇다면 이들은 예수님에게 어떤 존재인가? 그것은 바로 '서술어'와 같다. 그래서 우리도 문장을 쓸 때 항시 주어와 목적어를 서술어 가까이에 놓도록 하자.

예수님과 이들 제자들이 멀리 떨어져 있으면 어떻게 이 세 사람의 스승이 예수님인지 판단할 수 있겠는가? 마찬가지로 주어와 서술어가 멀리 떨어져 있으면 어느 서술어가 어떤 주어와 호응되는지 알 수가 없는 것이다. 목적어도 마찬가지다. 물론 여러 개의 문장이 겹칠 때 흔히 일어나는 일이다. 주어를 먼저 쓰고 다른 문장을 연결한 후 서술어를 붙이는 경우다. 그래서 서술어의 대상 즉, 주어와 목적어를 가까이 놓자는 것이다. 방법은 문장을 짧게 쓰는 게 최고다.

"교회는 여성들이 목회활동에 적극 참여할 수 있도록 그들에게 기회를 주어야 한다." 이처럼 전체 문장 속에 작은 문장을 껴안지 말고 주어를 서술어 곁으로 보내자. "여성들이 목회활동에 적극 참여할 수 있도록 교회는 그들에게 기회를 주어야 한다."

"우리는 야고보와 요한이 누가 예수님 곁에 더 가까이 앉을까 다투었다는 얘기를 들었다." 이 경우도 다음과 같이 주어를 서술어 가까이에 놓자. "누가 예수님 곁에 더 가까이 앉을까 <u>야고보와 요한이</u> 다투었다는 얘기를 <u>우리는</u> 들었다."

또 하나 가까이 놓아야 할 것이 있다. '꾸미는 말(수식어)'을 '꾸밈받는 말(피수식어)' 가까이에 놓도록 하자. 이 역시 예수님 사랑 받는 우리가 예수님 가까이 있어야 하는 이치와 같다. 예수님과 우리의 거리가 멀면 멀수록 우리는 엉뚱한 것에 한 눈 팔게 되어 있다. 그처럼 문장도 수식어와 피수식어가 멀면 이상해지기 마련이다. 이 역시 문장을 짧게 하면 해결될 일이지만, 요즘은 욕심들이 많아 수식어를 많이 붙이고 숨차 한다. 우리의 디자이너 '앙선생님'도 그런 경우다. '럭셔리한, 뷰티플한, 환상적인 무대'를 숨이 턱에 차서 설명하는 걸 보지 않았는가?

'신실한 형의 친구'는 쉼표를 쓰든지 아니면 수식하는 말 옆에 놓자. '신실한, 형의 친구', '형의 신실한 친구'.

'큰 물고기 뱃속 같은 환난 속에'에서 '큰'은 '물고기'를 꾸미는 것이 아니라 '환난'을 꾸미기 때문에 그 곁으로 가야 한다. '물고기 뱃속 같은 큰 환난'.

'아름다운 꽃밭 속의 여인'의 경우 무엇이 아름다운 것인지 불분명하다. 여인이 아름답다면, 그 가까이 놓을 일이고, 꽃밭이 아름답다면, 문장을 바꾸어 써야 한다. '꽃밭 속의 아름다운 여인', '한 여인이 아름다움 꽃밭에 있다.'

6) 부사어를 바로 써라

예수님께서 돌아가시기 전 제자들에게 가르쳐주신 기도가 있다. '주기도문'이다. 하나님의 뜻을 이루기 위한 기도이며, 우리 자신을 위한 기도이며, 내 이웃을 위한 기도이다. 이 묵직한 내용 중 부사어 하나가 서술어와 호응을 이루지 못한다면 정말 웃긴 기도가 된다.

하늘에 계신 우리 아버지여, 이름이 거룩히 여김을 받으시오며, 나라이 임하옵시며, 뜻이 하늘에서 이룬 것 같이 땅에서도 이루어지이다. 오늘날 우리에게 일용할 양식을 주옵시고, 우리가 우리에게 죄 지은 자를 사하여 준 것같이 우리 죄를 사하여 주옵시고, 우리를 시험에 들게 하지 마옵시고, <u>다만 악에서 구하지 마옵소서.</u> 대개 나라와 권세와 영광이 아버지께 영원히 있사옵나이다. 아멘.

만약, 주기도문을 외다가 위와 같이 했다 하자. 뭐라고? 악에서 구하지 말라고? 웃음 끝난 후 이렇게 정신없는 사람은 심한 핍박을 받게 될지도 모른다. 관성적으로 '~마옵시고, ~마옵시고' 하다보면, 저리 되지 말란 법이 어디 있는가? 중요한 것은 부사 '다만' 다음에 오는 서술어는 분명 부정형이라는 사실이다. 그것은 앞의 문맥을 보면 자연스럽게 알게 되는 것이다. 이처럼 우리말에서 특정 부사어와 서술어가 짝을 이루는 것이 자연스럽다. 이것을 구조어라 한다. 짝을 이루는 부사어를 생략할 수는 있으나 서술어를 생략할 수는 없다. 특히 짝을 이루는 부사어가 생략된 경우에 문장이 어색하지 않다. 그래서인지 다음과 같이 새로운 번역이 이루어졌다. 어려서부터 고어투를 사용했던 사람들은 어색할지 모르지만, 주기도문을 우리말과 글로 잘

옮긴 것이라 할 수 있다.

하늘에 계신 우리 아버지, 아버지의 이름을 거룩하게 하시며 아버지의 나라가 오게 하시며, 아버지의 뜻이 하늘에서와 같이 땅에서도 이루어지게 하소서. 오늘 우리에게 일용할 양식을 주시고, 우리가 우리에게 잘못한 사람을 용서하여 준 것 같이 우리 죄를 용서하여 주시고, 우리를 시험에 빠지지 않게 하시고 악에서 구하소서. 나라와 권능과 영광이 영원히 아버지의 것입니다. 아멘

다음 글에서 어색한 부분을 찾아 고쳐보자. 뭔가 좋은 내용이기는 한데 영 부자연스럽다. 밑줄 친 부사어를 주의 깊게 보면 그 해답이 나올 것이다.

너는 ㉠모름지기 열심히 기도한다. 그래서 주님은 ㉡결코 너를 사랑하신다. 그동안 너는 ㉢비단 마음의 담을 허물고, 이웃에 성큼 다가갔다. 그는 ㉣비록 가난하였으니 그의 선한 의지로써 모든 사역을 감당해 내고야 말았다. 이처럼 그는 하겠다고 말한 것은 ㉤아마 해내는 사람이다.

우리말을 제대로 쓰는 사람이라면 외국인처럼 위와 같이 하지는 않을 것이다. 그러나 내용에 집착하다 보면 이렇게 될 수도 있다. ㉠은 의무나 당위를 주장하는 표현이 서술어로 와야 한다. 즉 '**모름지기 열심히 기도해야 한다.**' 아니면, 생략하는 것이 낫겠다. ㉡의 경우 '결코'는 부정 서술어와 호응한다. 그러므로 '**결코 너를 사랑하지 않을 수 없다**' 하든지 아예 '결코'를 생략해야 자연스럽다. ㉢은 문맥상 강조 내용이 뒤에 나오게 됨으로 '뿐만 아니라'는 연결어미와 호응을 이룬

다. "비단 마음의 담을 허물었을 뿐만 아니라, 이웃에 성큼 다가갔다." ㉣의 '비록'은 조건을 뜻하는 연결어미가 필요하다. 즉 '**비록 가난했을지라도**' ㉤은 추측을 나타내는데, 그곳에는 문맥상 단정을 나타내는 말이 와야 한다. 그러므로 '반드시,' '꼭' 등이 옳다. 그밖에도 여러 구조어의 쓰임이 우리말에는 다양하다. 일일이 외울 필요까지는 없을지라도 글을 써 놓고 다시 한번 살펴보는 세심한 주의가 필요하다.

8) 간단하게 써라

우리는 시도 때도 없이 기도를 한다. 무슨 기도, 무슨 기도 하면서 기도 없이는 못 살 것 같은 형국이다. 한마디로 기도 공해에 있다. 그러나 하나님은 그렇게 간구하지 않아도 이미 다 알고 있지 않을까? 왜냐하면 전지전능하신 분이기 때문이다. 그러므로 기도는 하나님께 어떤 정보를 알리는 소통의 방법이 되어서는 안 될 것 같다. 오직 고백이어야 한다. 그런데 그 고백이 도대체 알아먹기 힘들 정도로 장황하다면 아무리 하나님이라도 "너 무슨 소리하냐?" 오히려 되묻지 않을까 걱정이다. 예수님도 장황하게 말씀하시지 않았다. 우리가 삶의 의미를 잃고 방황할 때, "내 안에 거하라"라는 간단한 말씀이면 평화를 얻기에 충분하지 않았는가? 내가 예수님 품 안에서 한 지체이며 그의 열매임을 자각하는 것은 긴 말이 필요 없는 것이다. 설득력이라는 것은 많은 말을 늘어놓는다고 해서 갖추어지는 것은 아니기 때문이다.

어느 때 문장은 장황하게 되는가? 먼저 한 문장 구조를 계속 반복할 때다. "어떤 경우 나는 참으로 열심히 교회를 <u>섬기고</u>, 교역자를 <u>섬길</u>

때도 지극정성으로 <u>섬기고</u>, 이웃을 <u>섬기는</u> 것 역시도 부족함 없이 <u>섬기는</u> 사람은 진정 모든 사람의 <u>섬김을 받는</u> 사람이지 않을까 생각합니다." 이처럼 한 문장 안에 동일한 글틀을 반복할 필요가 무엇이 있겠는가? 글의 변화를 주든지 아예 간결하게 쓰도록 하자. "진정 모든 사람으로부터 존경 받는 사람은 다음과 같은 사람이 아닐까 생각합니다. 열심히 교회에 나가고, 교역자를 도와 이웃에게 봉사하며 하나님을 섬기는 사람 말입니다."

다음은 의미 전달에는 관심이 없고 멋있게 쓰는 데만 신경 써서 문장을 억지로 만드는 경우다. "우리는 믿음으로 감사하고, 나에게 주신 은사를 통해 다른 이를 유익하게 하려는 삶의 동기를 가지고 덕을 끼치며 사시는 성도들로 항상 기쁨과 은혜가 넘치는 행복한 삶을 사시기를 바랍니다." 이 문장에서 '믿음으로 감사', '유익하게 하려는 삶의 동기', '덕을 끼며 사시는 성도', '기쁨과 은혜가 넘치는 행복한 삶' 등의 표현은 정작 무엇을 말하려는지 알 수가 없다. 무슨 멋있고 좋은 말인 것 같은데, 잘 전달이 되지 않는다. "항상 기뻐하며 은혜 속에 행복하게 살길 바랍니다. 그러기 위해 항상 감사하며, 내가 가진 것을 함께 나누며 남을 도우려는 마음을 갖도록 합시다."

다음은 의미를 중복해서 쓰는 경우다. "다들 하나님께 영광을 돌리고 다른 이들을 섬겨야 된다고 주장하고 있으나 실천하지는 못한다." 여기서 '섬겨야 된다가'가 '주장'이다. 그러므로 다음과 같이 간단하게 써야 한다. "다들 하나님께 영광을 돌리고 다른 이들을 섬겨야 된다고 하면서도 실천하지는 못한다."

"하나님 나라를 선포하는 데에 어쩔 수 없이 따르는 희생이 있게 마련이므로 대의를 위한 소수의 희생은 이 땅에 선포될 하나님 나라를 위해 불가피하다는 것이다." 이 경우는 밑줄 친 부분처럼 같은 내용을 말만 바꾸어 계속 하고 있다. 듣는 사람은 지루하기 짝이 없다. "이 땅에 하나님 나라를 선포하기 위해 치르게 되는 희생은 불가피하다는 것이다."

"보람 있는 삶을 살기란 진실로 어렵다." "나사렛 출신의 청년 예수는 그야말로 피와 살을 도려내는 온갖 고난 끝에 악마의 꾐에서 벗어났다." "십자가가 예수 부활의 상징이라는 것을 모르는 사람은 없지만 십자가의 의미가 과연 무엇인가를 아는 사람은 아마도 얼마 없을 것이다." 이 문장들은 장황하기 그지없다. 남을 설득하는 글로서 적당하지 않다. 단순하게 쓰는 것이 좋겠다. "보람 있게 살기가 어렵다." "나사렛 예수는 온갖 고난 끝에 악마를 물리쳤다." "십자가가 예수 부활의 상징이라는 것은 알면서 그 뜻을 아는 이는 별로 없다."

끝으로 요즈음 글에서 자신의 주장을 앞세우고 자신의 뜻을 강조하다 보니 '~것' '~것이다'와 같은 명사화된 문장을 남용하고 있다. 역설적이게도 여기에는 자신의 주장을 강조하는 듯 하면서도 남의 말을 하듯 하는 모순이 있다. 이는 오늘날 세태를 반영하고 있다.
"우리는 넓은 관용을 보이신 예수님이 구세주라는 것과 우리의 인도자라는 것을 믿는 그리스도인이라는 것입니다." 는 다음과 같이 다듬자. "예수님은 널리 관용을 보이셨습니다. 우리는 그를 우리의 구세주이며 인도자로 믿는 그리스도인입니다."

9) 입에서 나오는 대로 쓰지 말라

설교문은 설교를 목적으로 하는 글이기 때문에 현장에서 쓰는 말과 무관하지 않다. 그러나 말버릇대로 글을 쓰게 되면 글의 흐름이 단조롭고 가벼워진다. 오히려 웅변조의 글이 되어 좌중을 감동시키지 못할 것이다. 설교문 자체는 완벽한 글을 만들고 설교 때에 어느 정도 융통성을 부리는 것이 바람직하지 않을까? 성경에도 말(馬)을 부리려면 말의 재갈을 물린다는 말(야고보서 3:3-4)이 있듯이 많은 사람을 움직이려면 우리말부터 잘 다스려야겠다. 이처럼 말버릇대로 쓰는 문장 중에 '~이다'로 끝나는 것이 가장 많다. 이처럼 딱딱한 명사문으로 일관하지 말고 '무엇이 어찌한다'라든지, '무엇이 어떠하다'라고 다양하게 쓰도록 하자.

"유다 왕국이 멸망하고 백성들은 셋으로 갈리게 된다. 첫째는 바빌론으로 끌려갔던 지도층이다. 둘째는 앗시리아의 공격을 피해 여러 나라를 떠도는 유랑자이다. 셋째는 앗시리아의 입장에서 끌고 갈 가치도 없고 다른 곳을 피신할 여력도 없었던 민중들이다." 이 말들에 변화를 주자. "유다 왕국이 멸망하고 백성들은 셋으로 갈리게 된다. 첫째 지도층은 바빌론으로 끌려갔다. 둘째, 지도층은 아니더라도 능력있는 사람들은 유랑자가 되어 피신하였다. 셋째, 민중들은 앗시리아에 끌려가지도 못하고 다른 곳으로 피신할 여력도 없이 유다 땅에 남갖은 고초를 겪었다."

"예수님이 마리아를 요한에게 의탁하신 것을 보면 요한만큼 예수님의 신뢰를 받았던 제자는 없다는 얘기다." 이것은 정말 말버릇대로 쓴 문장이다. 앞 문장을 통째로 관형절로 만들어 명사문을 만들었다. 그러므로 밑줄 친 '~는 얘기다'는 빼야 된다.

"오늘날 북한의 인권을 생각한다면 북한 선교는 더 이상 미룰 수 <u>없음이다</u>" 전형적인 외래어 투다. '~음'을 붙여 명사절로 만들고 거기에 '~이다'를 붙여 문장을 만들었다. "오늘날 북한의 인권을 생각한다면 북한 선교는 더 이상 미룰 수 없다." 하면 된다.

4. 모든 길은 로마로, 모든 문장은 단락으로 통한다.
- 단락 쓰기 여섯 가지 원칙

"모든 길은 로마로 통한다"는 말은 누가 했을까? 듣기로는 프랑스 시인 '라뽕텐느'가 했다는 것 같기도 하고, 영국 시인 '초서'가 말하기도 했다는 설이 있다. 누가 얘기 했건 중요한 것은 그 말의 의미다. 로마 제국이 2000년 간 세계의 중심이었음을 상징적으로 말하는 것이리라. 달리 생각해 보자. 모든 길이 로마로 통하지 않았다면 로마가 그토록 오랜 세월 존재했을까? 세상의 모든 정보와 물자와 인력이 길을 통해 원활하게 유입될 수 있었기에 로마의 힘은 유지되었을 것이다.

문장은 로마로 통했던 길과 같다. 문장과 문장들이 연결돼 가 닿는 곳이 '단락'이라는 로마다. 그러므로 로마의 권력처럼 '단락'의 힘이 곧 설교의 힘이 될 것임을 미루어 짐작할 수 있다. 앞에서 우리는 문장이라는 길을 잘 닦아 놓았다. 이제 그 길을 하나의 중심점으로 연결시키면 되는 것이다. 그리고 다시 단락과 단락을 연결해서 한 편의 글을 완성시키면 된다.

이렇게 설교문은 많은 단락이 결합해서 하나의 몸을 이루고 있다. 그러므로 한 편의 설교문은 수많은 로마가 합쳐진 것과 같다고 해도 과언은 아니다. 생각해보자. 로마는 하루 아침에 이루어지지 않았지만, 우리는 하루 아침에 뚝딱 그 로마(단락)을 짓고 헐고 할 수 있지 않는가? 그렇게 쓴 설교문이 펼치는 힘은 시공을 초월하는 것이다. 잘된 설교문은 예수님이 재림하여 다스리는 천년왕국을 바로 지금 이 땅위에 실현시킬 수도 있기 때문이다. 하루 아침에 로마가 세워지진 않았지만, 무너지는 것은 하루도 걸리지 않았다. 순간이었다. 그러나 글은 하루 아침에 세워져서 영원하다는 것을 생각한다면 잘 써야겠다는 다짐을 새삼 하게 되지 않는가?

다음에 이어질 내용은 단락쓰기 여섯 가지로 첫 세 가지는 글의 주제를 펼치는 방법이고, 두 번째 세가지는 단락을 펼치는 길잡이다.

1) 글의 주제 펼치기 세 가지

(1) 막힌 길은 뚫어라

예수님이 인간에게 던져준 가장 큰 진리는 죽음을 이기는 방법을 알려주신 것이 아닐까? 다시 말해 죽음이라는 인생의 막힌 의문을 시원스레 뚫어 준 것이다. 예수님이 없었다면 인간이 죽음을 딛고 새 생명을 어찌 꿈꿀 수 있었겠는가? 이때 그 죽음이라는 어려운 문제를 어떻게 풀어주었는가? 십자가에 못 박혀 죽고 다시 부활하는 풀이의 과정을 통해 쉽게 설명해 주었다. 단락을 통한 주제 전개 방식 중 하나가 그처럼 풀어주고 뚫어주는 것이다. 그러므로 문장을 펼칠 때 그것은 어떻게, 왜 그렇게 되었고, 그 결말은 무엇이며 우리에게 어떻게 영향을 미치는가? 스스로 물음을 던지면서 쉽게 풀어주도록 하자.

"맥스 디 프리는 그의 책 '친애하는 조에게'에서 '문제가 생겼을 때 하나님의 사람들에게 도움을 구하는 것은 문제를 하나님께 가지고 나가는 것과 같다.'라고 말하고 있습니다.1)"

이 단락의 도입부는 우리 앞에 떡 막고 서서 길을 막고 있다. 도대체 하나님께 나의 문제를 가지고 나간다는 것은 무엇인지 묻고 있다. 이것에 대해 미리 답을 주어서는 안 된다. 이 말뜻을 먼저 풀어주고 뚫어주어야 한다.

"맥스는 사업차 유럽으로 비행기를 타고 가기 전 그의 딸이 임신했다는 사실을 알게 되었습니다. 딸의 결혼생활이 아주 심각한 위기에 있던 터라. 그가 하나님께 딸을 돌봐 달라고 간절히 기도했을 때 그의 마음은 슬픔과 기쁨으로 가득찼습니다.
다음날 그는 이러한 고통스런 심정을 가까운 친구 데이빗 허바드에게 이야기하면서, 유럽으로 떠나려 하니 마음이 불안하다고 털어놓았습니다. 그는 데이빗에게 자기 딸에게 전화를 걸거나, 필요한 경우엔 딸의 집으로 찾아가든지 하여 자기 딸과 계속 연락이 닿게 해줄 수 있는지 물어보았습니다. 친구가 그렇게 하겠다고 다짐을 하자 맥스는 마음이 놓이면서도 좀 혼란한 심정이 되어 이렇게 말했습니다. '자네 손에 딸을 맡기니 마음이 푹 놓이네. 그런데 어젯밤 기도하는 가운데 하나님께 딸애를 맡길 때엔 왜 지금처럼 마음이 편치 않았을까? 데이빗은 그리스도의 지체는 바로 이런 식

---

1) 「하나님이 일하시는 방법」, 《오늘의 양식》, 2005. 6, p.33.

으로 일하는 것이라고 부드럽게 설명해 주었습니다."

우리는 이처럼 이어지는 문장을 통해서 '하나님께 나의 문제를 가지고 나간다'는 것이 결국은 하나님이 일하시는 방법에 하나가 됨을 알게 된다. 나의 문제를 드러내는 것이 하나님에게 도움을 청하는 방법이 된다는 것도 설명이 되며, 그 구체적인 방법이 하나님의 사람을 찾는 것임을 깨닫게 된다. 이 풀이의 과정은 하나의 예나 보기를 통해 이루어졌다.

"부활의 현재적 의미는 무엇일까?"

이 문장 역시 길을 막고 서 있다. 이 다음 이어질 내용은 길을 뚫는 것이 되어야 한다.

"부활의 현재적인 의미는 예수님께서 죽은 자 가운데서 부활하심으로 죄에서 영원히 우리를 해방시켜 주셨다는 사실을 우리에게 확증시켜 주는 것입니다. 우리의 모든 죄, 즉 과거의 죄, 현재의 죄, 미래의 죄뿐 아니라 어머니 뱃속에서부터 이어받은 원죄까지도 주님께서 다 그 빚을 짊어지시고 죽음의 감옥에 들어가셨습니다. 예수님께서 죽음의 감옥에 들어가신 것은 당신의 죄 값으로 들어가신 것이 아니라 여러분과 나와 같은 죄인의 빚을 갚기 위해서 들어가신 것입니다.[2]"

부활의 현재적 의미에 대해 설교자는 자신의 의견을 들어 설명하

---

2) 조용기, 「부활은 우리의 희망」, 여의도 순복음교회 기하성, 1996. 3. 25.

고 있다. 부활은 해방이며, 죄의 대가임을 풀이하여 진술한다.

　　(2) 반드시 애프터 서비스 하라

　앞서 글의 주제를 쉽게 풀어주자고 했다. 그런데 막힌 길을 뚫어 놓기만 하고 관리를 하지 않는 다면 무슨 소용이 있겠는가? 길은 다시금 잡초에 휩싸여 그 흔적을 찾지 못할 수도 잇다. 그렇게 된다면 길은 있으나 마나한 것이 되는 것이 아닌가? 그러므로 글을 쓸 때도 반드시 관리하는 애프터 정신을 발휘하자. 그래서 좀 더 적극적으로 글 주제가 어떻게 만들어졌는지 그 근거를 자세히 밝히도록 하자.

　훌륭한 길 안내자는 항상 독자나 청중으로 하여금 그 자신이 이제까지 어디에 있었고, 지금은 어디에 있으며, 또한 어떻게 이 곳에 있게 되었는지, 그리고 어디로 가고 있는지를 알려주어야 한다.

　"요한 복음에 믿는 자는 복이 있다고 했습니다."

　이 문장의 내용은 청중에게 '복'에 대해 생각하도록 하고 있다. 신앙과 복받음의 관계를 다음과 같이 다시 한번 풀어서 설명해 주어야 한다.

　"믿는 자의 복은 세상 사람들이 말하는 그러한 것이 아닙니다. 그것은 하나님의 뜻 가운데서 아무런 의심 없이 사는 것을 말합니다."

　이 것 만으로는 부족하다. 여기에 우리는 반드시 다시 한번 믿는 자가 복이 있게 되는 근거를 설명함으로써 서비스 정신에 충실해야 한다.

"용서는 기독교의 최선이자 핵심입니다. 용서의 경험이 없거나 용서를 거치지 않는 기독교는 조재하지 않습니다. 용서를 넘어서지 못하면 진정한 사랑이 아닙니다. 용서를 포기한 사랑도 없고 용서에 대해 침묵하는 선행도 없습니다. 그리스도인의 모든 덕은 용서에서 시작합니다.

예수님께서 최후로 주신 메시지는 용서에 관한 것입니다. 기독교가 세상을 이길 수 있는 유일한 방법은 바로 용서입니다. 우리는 자신을 용서하고 가족, 이웃, 민족을 용서해야 합니다. 남북의 가장 큰 문제는 용서이고, 이스라엘과 팔레스타인의 가장 큰 문제도 용서이며, 우리시대의 모든 갈등의 문제도 용서입니다. 그리스도인들이 용서에 대해 정확하게 말할 수 있다면, 세상의 모든 갈등을 해결할 수 있습니다.[3]"

이어지는 글의 내용은 복을 가져오는 믿음의 정체가 '용서'에서 비롯됨을 적극적으로 설명하고 있다. 거꾸로 그리스도인으로서 신앙인의 복이라는 것이 갈등 없는 평화의 세상을 구현함으로써 실현될 수 있음을 역설하고 있다.

(3) 도우미를 써라

길을 뚫어 주고, 끝까지 관리하고 난 후 실제로 일어난 일이 무엇인가를 예로 들어 보여 주자. 다시 말해 휑하니 나있는 길가에 꽃도 심고 조각상도 설치하며, 길 모양을 풍성하게 가꾸어 주도록 하자. 그러기 위해 도우미를 써야 한다. 물론 그 도우미들은 길 안내를 돕는 사람들처럼 관련된 사실이나 상황 등을 객관적으로 보여주기만 하면 된다.

---

[3] 하용조, 「믿는 자들은 복이 있다」, 온누리교회 자료실. www.onnuri.or.kr. 1995. 9. 5.

"지난 수년간 우리 사회에 외래어로서 우리 사회에 중요사안이 논의 될 때마다 언론에 회자된 단어가 하나가 있습니다. 소위 노블리스 오블리제(Noblesse Oblige)라는 말입니다."

이 설교자[4]는 청중에게 '특권보다 더 중요한 것'을 주제로 삼고 그 주제를 '노블리스 오블리제'의 개념을 통해 시작하고 있습니다. 그 다음 문장은 어떤 내용이 이어지겠습니까? 앞서 말한 대로 풀어주어야겠지요?

"프랑스어로서 '가진자의 도덕적 의무'를 뜻하는 말입니다. 노블리스가 명예를 강조하는 말이라면 오블리제는 의무를 강조하는 말입니다. 명예가 있는 만큼 의무를 다해야 한다는 말일 것입니다."

이처럼 길을 뚫어 놓고 다음과 같이 좀 더 적극적으로 근거를 들어 이 말의 개념을 설명하고 있습니다. 즉 어원적 유래와 쓰임 등을 자세히 안내하고 있다.

"노블리제는 본래 귀족(nobility)을 뜻하는 말이고 오블리제는 의무(obligation)을 뜻하는 말로 문자 그대로 직역하면 '귀족의 의무(obligation of nobility)'라는 뜻이 되겠습니다. 본래 이 단어의 유래는 로마시대에 귀족들이 보여준 투철한 도덕의식과 솔선수범하는 공공정신을 높이는데서 유래한 단어인 것입니다."

---

4) 이동원, 「특권보다 더 중요한 것」, 지구촌교회. www.jiguchon.org. 2005. 7. 17.

그리고 나서 이 말이 예를 들어 쓰일 수 있는 사례를 다음과 같이 들고 있다. 보다 명확하게 주제를 펼치는 방법이라 할 수 있다. 이 사례는 익히 알고 있는 것이면서도 청중들로 하여금 고개를 끄덕이게 하는 객관적인 도우미라 할 수 있다. 이제 로마로 가는 길은 탄탄대로이며 막힘없고 지루하지 않다.

"흔히 우리 역사에서 오블리스 노블리제를 실천한 사람을 이야기 할 때 자주 언급되는 분 중에 조선시대 최고의 부자라고 일컬어진 경주 만석꾼 최 부자(첨성대 주변 계림 숲 주변에 집이 있었음)라는 분이 있었습니다. 부자가 3대 못 간다는 말이 있는데 이 분의 가솔은 10대 동안 진사를 지냈고 12대 동안 만석꾼을 이어 나갔다고 합니다. 1600년대 초반부터 1900년대 초반까지 무려 300년 동안을 그가 만석꾼을 유지한 비밀은 무엇이겠습니까? 최부자 집에는 다음과 같은 6가지 가훈이 있었다고 합니다. 1)과거를 보되 진사이상의 벼슬을 하지 말 것(소위 권력 다툼에 말려들어 갈 필요가 없게 됨) 2)만석 이상의 재산은 사회에 환원할 것 3)흉년기에는 땅을 늘이지 말 것(부를 부당하게 축적할 수 있는 기회를 거절할 것) 4)과객을 후하게 대접할 것 5)최씨 가문 며느리들은 시집올 때 3년 동안 무명옷을 입을 것 6)자기 집 사방 백리 안에 굶어 죽는 사람이 없게 할 것이었다고 합니다. 이렇게 해서 그의 가솔은 존경받는 부자의 삶을 살아갈 수 있었다고 합니다. 자랑스런 한국판 오블리스 노블리제라고 할만 합니다."

2) 단락 펼치기 세 가지

  (1) 첫 인상이 중요하다
     - 글의 도입부를 만드는 단락쓰기

산 밑에 다다라 보면 여러 갈래의 길이 나 있다. 우리는 어느 길을 택해 산을 오르는가? 가보지 않은 길로 사람을 이끄는 것은 길목에 펼쳐진 매우 인상적인 광경이다. 꽃들이 만발해 있고, 길은 잘 닦여 있으며 그 길을 가다 보면 무엇인가 놀라운 풍광이 펼쳐질 것 같은 기대감이 우리의 발걸음을 그리로 옮기게 한다. 글도 마찬가지다. 첫 단락은 글의 길목이며 얼굴이다. 첫인상이 좋아야 한다. 앞으로 펼쳐질 길의 모양처럼 글의 내용을 가늠하게 한다. 독자와 청중의 이목을 끌며, 그들이 계속 해서 걷고 싶은 분위기를 만들어 주어야 한다.

  ① 자신이 겪은 일로부터 시작하자.

"제가 미국에서 공부할 때 주일이면 여러 교회를 방문할 수 있는 기회가 있었습니다. 아침 예배를 드리고는 그 교회 교인댁에서 점심을 대접받고 다른 교회에 가서 저녁을 대접받고 거기서 저녁 예배를 드리고 오곤 하였습니다. 그러니까 자연히 여러 가정을 방문하게 되었습니다. 그리고 여러 가지 좋은 점을 많이 배웠습니다.

한 번은 어느 젊은 부부가 어린 남매와 네 식구가 사는 가정에 초대를 받아 저녁을 함께 나누게 되었습니다. 우리 한국 가정에서는 대개 손님이 오면 어른들만 같이 앉아 식사를 하고 어린애들은 따로 먹는데 미국 가정에서는 오히려 그와 반대로 대개가 어린애들도 손님과 같이 상에 앉아 식사를 합니다. 처음에는 좀 이상했지만 참 좋은 습관이라고 생각됩니다. 어린애들이 어른들과 더구나 손님과 같이 식사를 하곤 하니까 얼마나 으젓한지 모르겠어요. 그런데 지금 말씀드린 이 가정에는 한 아이는 초등학교 1학년이고 그 다음 아이는 두 살 아니면 세 살 정도로 말을 배우는 아이로 큰 의자에 앉지 못해서 어린이용으로 된 높은 의자에 앉아서 먹고 있었습니다.

그런데 이 어린애가 아직 기구 쓰는 법이 서툴러서 식사를 하다가 수저를 땅에 떨어뜨렸어요. 이 애는 자기가 내려와서 주울 수 없으니까 곁에 계시던 애기 엄마가 떨어뜨린 수저를 주워 어린애에게 주었습니다. 그때 어린애는 엄마가 주어 주는 수저를 받아서 식사를 다시 계속하려고 하는데 엄마가 애더러 "무슨 말을 좀 하라(Say Something)"고 해요. 이 어린애는 엄마의 얼굴만 쳐다보면서 무슨 말을 해야 좋을지 몰라서 멍하니 있어요. 그때 엄마는 "고맙습니다라고 말해라(Say Thank You)"고 해요. 그러니까 이 애는 "고맙습니다(Thank You)"하고 그제야 식사를 계속하는 것을 보았어요. 서양 사람들은 "고맙습니다." 하고 말하는 법을 어릴 때부터 가르쳐 줍니다. 얼마나 아름다운 일입니까?5)"

이 다음에 이어질 내용은 사도 바울이 우리에게 전해준 감사할 줄 아는 사람에 대한 이야기가 이어지면 좋을 것이다. 이처럼 서론에 자신이 겪은 구체적인 경험이나 사실을 자세히 이야기하는 방식으로 시작하면 글에 대한 부담이 적다. 다만 있지도 않은 사실을 극화한다든지 본론의 내용과 주제와 상관없이 비약하지 않도록 해야 한다. 견강부회(牽强附會)하지 말고 담담하게 이야기하듯 시작하면 된다.

---

5) 최영자 편, 『박조준 목사 예화모음』 (기독교문사, 1983), pp.187~189.

② 중요한 개념이나 용어를 풀어주며 시작하자.

"우리말 사전에서는 '관용'을 '너그럽게 받아들이고 용서하는 것'이라고 정의하고 있습니다. 이는 대범한 마음, 너그러운 마음을 의미하고 있습니다. 바울은 빌립보 교인들에게 '모든 사람들 앞에 관용을 보이라'고 강조하고 있습니다. 관용은 기독교의 상징이요 특징이며, 기독교 윤리의 최고봉입니다. 우리 그리스도인들은 관용하는 마음, 관용의 삶을 살아야합니다.6)"

이 글은 '관용'이라는 용어의 개념을 풀이하면서 시작하고 있다. 이어질 내용은 그리스도인게 있어 '관용'의 의미가 무엇인지 보다 상세하게 풀어주고 정의한다. 여기서 어떤 용어를 풀이할 때 모호하거나 어렵게 해서는 안 된다. 풀이가 오히려 혼란을 일으킨다면 주제와 상관없는 얘기로 흐를 경우가 많다. 그러므로 정확한 정의를 위해 어려운 개념이나 논리를 끌어오기보다는 간단하고 쉽게 풀어주는 것이 좋다.

③ 남의 것을 빌려 시작하자.

"며칠 전 신문의 해외토픽 난을 보니까 파리의 한 의학잡지가 사람의 몸을 산소 질소 등 원소로 분석해 놓은 인체의 원소값은 불과 3.5달러밖에 되지 않는다고 발표하였다는 것을 읽었습니다. 이것을 우리 돈으로 환산하면, 약 1,000원에 해당하는 금액입니다. 이 돈으로 푸줏간에 가서 쇠고기를 사면 두 근 반밖에는 살 수 없습니다. 그러나 어느 누구도 사람을 이렇

---

6) 최정성 엮음.『다이나믹 설교뱅크』(엘맨, 2000), p.586.

게 값으로 따지지는 않을 것입니다7)."

이 글은 권위있는 의학잡지의 통계 분석을 인용하면서 시작하고 있다. 이처럼 권위있는 사람의 말이나 격언, 속담을 인용한다면 글의 설득력을 얻을 수 있다. 물론 남의 것을 빌려 쓴다는 점에서 자기 주장이 빈약해 보일 수는 있지만, 큰 위험 부담이 없는 방식이다. 설교문 쓰기 초년병들은 이 방법을 이용하는 것이 무난할 것 같다.

④ 요즘 일어난 화젯거리를 이야기하며 시작하자

"요즘처럼 우리 마음속에 평강이 기다려지는 때가 없습니다. 많은 사람들이 모두 평강을 구하고 있습니다. 그러나 우리 사회 속에도, 우리 마음속에도 평강이 없기 때문에 현실은 더욱 답답합니다. 요즘 사회 모습은 더 답답합니다. 농민들이 신자유주의, 세계화 정책에 반대하여 데모하는 모습을 보면 저들의 마음이 평안할 수 없음을 알 수 있습니다. 생명 공학계의 파동을 보면서 난치병에 걸린 사람들의 마음에도 평안함이 없음을 보게 됩니다. 그동안 내린 폭설로 재산피해를 본 사람들이 고통스러워하는 것을 보면 보는 사람들 또한 마음이 평안해지지 않습니다. 또, 사학 파동이라고 일컬어지는 일련의 사태를 보면서 교육기관을 세우고 다음세대를 가르치는 사람들에게도 마음속에 평안이 없으며, 이는 이데올로기적인 갈등처럼 되어 서로 힘들고 어려운 처지에 빠진 것을 보게 됩니다.8)"

시사성 있는 화제를 이야기 하면 청중의 이목을 끌기가 수월하다.

---

7) 이해동, 『꺾이지 않는 희망으로』 (현존사, 1994), p.299.
8) 김지철, 「땅에서는 평화」, 소망교회 주일예배 설교, www.somang.net, 2005. 12. 25.

말하려고 하는 내용과 주제가 살아있어 글 분위기에 생동감을 주기 때문이다. 독자나 청중은 요즘 일어난 일에 대해 무언가 의견과 생각이 있기 때문이기도 하다. 그런 만큼 잡담이나 신문의 눈요깃감과 같은 수준의 얘기로 흐르지 않도록 주의해야 한다. 문제제기를 분명히 하여 참신한 글이 되도록 해야 한다.

⑤ 물음으로 시작하자.

"사명감이란 무엇인가? 내가 이것을 위해 살고 이것을 위해 기꺼이 죽겠다는 삶의 목표요 생존의 구심점이다. 인간은 무엇을 위해서 살고 무엇을 위해서 죽을 수 있을 때 가치가 있는 것이다. 그래서 인간은 사명적인 존재이다.9)"

이 글은 자신이 묻고 자신이 대답하면서 서두를 시작하고 있다. 이 방식의 장점은 독자나 청중에게 제기하고자 하는 문제점을 명확히 제시할 수 있다는 데 있다. 그러므로 물음은 구체적이고 명확해야 한다. 너무 범위가 넓거나 혹은 깊은 의미를 지니고 있으면 그러한 질문의 배경지식이나 경험이 없는 사람에게는 소화하기 어려운 것이 될 수 있다. 독자와 청중에게 강한 인상을 주기 위해 글 전체를 담보할 수 있는 물음을 준비하자. 글 서문부터 카운터 펀치를 날리는 것이다. 그러므로 물음은 한 번이면 족하다.

---

9) 신근영,「길에서」, 한국일보, 1993. 11. 25.

⑥ 고백으로 시작하자

"영화 〈타이타닉〉 을 보았습니다. 사상 최대의 호화 유람선이 서서히 침몰하자 그 속에 있던 사람들이 어찌할 바를 모르다가 결국 대부분 죽고 말았습니다. 그 장면을 상기하면서 요즘 우리들의 상황과 연결시켜봅니다. 금융대란과 경제 위기, 국가 부도에 대한 두려움이 가시지 않고 있습니다. 이미 실직하거나 도산한 사람들이 많고 그 위기가 점점 우리 모두에게로 다가오고 있습니다. 이렇게 나라나 기업이나 개인이 서서히 무너져가는 것 같은 때에 신앙은 무슨 의미가 있는지, 도대체 이럴 때 하나님은 어떤 분으로 우리에게 다가오는지 생각해보았습니다[10])"

고백은 사람의 마음을 움직이는 가장 훌륭한 말하기 방식이다. 기도가 기복이 아니라 고백이 될 때 하나님의 심중을 움직이듯 설교문 역시 주장이나 가르침보다도 고백이 될 때 독자와 청중을 매료시킬 수 있다. 일상생활 속에서 몸으로 경험한 깨달음은 공유할 만한 생각으로 발전할 수 있다. 이러한 생각을 솔직담백하게 전달한다면 그 파장은 참으로 클 것이다. 위 글은 현실적 위기 속에서 겪게 되는 신앙의 위기를 담담하게 풀어내고 있다. 그럼으로써 앞으로 전개될 내용에서 인간적 위기 속에서 함께 하는 하나님의 존재 의미를 더욱 강화하는 기능을 하게 된다.

⑦ 한판승부로 시작하자

"신앙생활 하면서 우선순위가 있다. 가장 중요한 것은 사랑이다. 그래

---

10) 방선기, 『직장 설교』 (한세, 1998), p.132.

서 우리가 성경이 전하는 메시지 속에 제일 중요한 메시지로 받아들이고 반응해야 하는 것이 있다면 그것은 사랑이다. 신구약 합쳐서 핵심은 신약이고 신약 중에는 요한복음이고 그 중에서 3장이고 또 그 주에서도 16절이다. 그 내용은 하나님이 인간을 사랑하신다는 것이다. 교회 나오고 신앙생활하면서 진리의 말씀을 통해 무엇을 얻으면 가장 좋을까? 하나님은 사랑이다. 이것이 가장 큰 것이다. 지상최대의 계명은 사랑이다. 마음을 다하여 힘을 다하여 뜻을 다하여 목숨을 다하여 사랑하라11)."

진검승부(眞劍勝負)란 말이 있는데 이 말은 우리말이 아니라 일본말을 한자음만 따 온 것이다. 그래서 우리말로 '한판승부'라 하는 것이 옳다. 글을 시작하는 방식 중 한판승부를 하듯 글의 주제를 구체적으로 밝히며 시작하는 것이 있다. 에둘러 가지 않고 주제를 확실히 밝히자는 것이다. 이 방식은 글의 주제를 먼저 밝혔기 때문에 본론과 결론에서 주제에 맞는 내용을 적절히 구사해야 한다. 위 글에서도 신앙의 핵심은 사랑이라는 주제를 구체적으로 적시하며 시작하고 있다. 매우 강력하고 분명한 태도로 보이기도 하지만 뒤 이은 내용이 용두사미격이 된다면 변명이 될 수 있는 위험도 안고 있다.

⑧ 길 안내부터 먼저 하는 것으로 시작하자.

"예수님께서 예루살렘을 향해 가시며 각 성과 마을에서 가르치실 때에 예수님께 "주여, 구원을 받는 자가 적으니이까?" 하고 질문하는 사람들이 있었습니다. 오늘 본문의 24절 이하 전체는 이 한 가지 질문에 대한 예수님의 답변입니다. 이 예수님의 답변 속에서 우리가 깨달아야할 구원과 구

---

11) 손영식,「사랑이신 하나님」, 은혜교회 주일설교, www.igrace.net, 2006. 3. 1.

원 받은 자의 삶의 자세에 관한 가르침이 무엇인지를 살펴보려고 합니다12)"

앞으로 전개될 글의 범위와 목적과 방향을 소개하는 것으로 글을 시작하는 방법이다. 보통 말미에 '~살펴보려고 합니다'라는 식으로 쓴다. 이는 앞서 한판승부하듯 주제를 구체적으로 밝히는 것과 같이 글쓰기 실력이 출중해야 한다. 이미 밝혀 놓은 약속을 다 지켜야 하기 때문이다. 장점은 장황하기 쉬운 글 흐름을 명확하게 잡아주는 데 있다.

⑨ 평범하게 시작하자.

"어머님의 사랑은 가정의 행복과 평화를 가져옵니다. 거기에 스윗 홈이 이루어집니다. 어머님의 사랑은 사람으로 할 수 있는 사랑으로 가장 클 것입니다13)."

처음부터 너무 큰 얘기부터 꺼내면 이어지는 문장에서 가서 감당할 수 없는 지경에 이르기 십상이다. 그것을 피하는 방법이 평범하게 진술하면서 일반적 화제로 글을 시작하는 것이다. 위 글에서처럼 어머니의 사랑이 가정에 행복과 평화를 가져온다는 평범한 진리를 통해 본문에서 펼쳐질 내용은 보다 구체적인 것이 될 것이다. 그 구체성이 독자나 청중에게 강한 인상을 준다.

---

12) 이수영, 「좁은 문, 구원의 문」, 새문안교회 주일설교, www.saemoonan.org, 2006. 4. 2.
13) 최영자 편, 『박조준목사 예화모음』 (기독교문사, 1983), p.285.

(2) 짜임새 있도록 하자
- 글의 몸통을 만드는 단락 쓰기

이제 글의 몸통을 만들어야 한다. 글의 도입부에서 펼친 내용들을 추스르며 완벽하고 일관성 있고 통일성 있는 몸매를 갖추어야 한다. 그러한 몸태를 만들기 위해서는 글쓴이의 성격이 드러나도록 해야 한다. 다시 말해 시작부분에서 강한 인상을 남기고도 미지근하게 이야기를 펼쳐서는 본전도 뽑지 못할 것이다. 글 짜임새에 신경을 쓰면서 개성적 성격을 마음껏 드러내야 한다.

이때 글 도입부 단락에서 언급된 내용들을 구체화하는 작업이 이루어져야 한다. 구체화 방법은 크게 설명하고, 증거하고, 묘사하고, 이야기하는 것으로 나눈다. 이들은 글을 동기에 따라 구분한 것인데, 한 편의 설교문에서 어떤 것은 설명으로 어떤 것은 논증으로 일관하지는 않는다. 그러므로 이 네 요소를 골고루 적재적소에 사용하면서 단락을 쓰도록 하자.

① 지식을 나누자
- 설명하는 단락 쓰기

"'구원'이란 무엇인가? 셋으로 나누어 생각할 수 있다. 역사적 구원, 실존적 구원, 초월적 구원이다. 역사적 구원은 현세적인 구원으로서 주님이 이집트에서 노예살이 했던 이스라엘 민족을 해방시킨 것을 들 수 있다. 실존적 구원은 내면적인 것으로 죄와 죽음에 싸인 인간이 스스로 하나님의 작품이라는 자기존재의식을 갖게 되는 것을 말한다. 초월적 구원은 내세에 완전한 인격으로 변화된 모습으로 하나님과 만나게 되리라는 보장과 확신을 말한다. 이 세가지 구원의 의미에서 무엇하나도 소중하지 않은 것은 없다. 가장 중요한 것은 구원의 주체가 누구인가를 인식하는 것이고 내 힘으로 나올 수 없는 상태를 인정하고 고백하여 그분께 도움을 청하는 것이다."

　설명하는 단락은 설교자가 가진 지식을 일방적으로 청중에게 전달하는 것을 목적으로 하기 때문에, 독자가 잘 이해할 수 있도록 해야 한다. 위 설명 단락의 경우, '구원'이란 무엇인가에 대해 말하고 있다. 한국교회에서 강조하는 것은 무엇인가? 첫 번째가 아닐까? 그 이유야 이해 못하는 것은 아니다. 한국에서 살기란 고통의 연속이기에 이스라엘 백성처럼 삶의 질곡에서 해방되었으면 하는 소망을 갖게 되는 것은 당연하다. 그러나 그것은 단편적인 지식에 불과하고 오히려 지식이라기보다는 단순한 욕망에 지나지 않는다. 그러므로 위 설명 단락은 인간의 입장보다는 하나님의 입장에서 구원의 의미를 설명하고 있다는 장점이 있다. 이처럼 설명 단락은 설교자의 경험과 정보를 정확하게 파악하여 알려야 한다. 그러기 위해서 여러 사항들을 비교한다든지, 예를 든다지 하는 방법이 있다.

　② 진리를 목적으로 동의를 구하자
　　　- 증거하고, 설득하는 단락 쓰기

　"하나님 나라는 언제 옵니까? 성경(마태:13)에는 미래에 오는 것으로 쓰여 있습니다. 그것도 하나님의 은총으로 성취되는 것으로. 그러므로 우리가 하나님 나라를 현재 건설하자고 하는 것은 헛된 꿈에 지나지 않는 것 같습니다. 그럼에도 불구하고 나는 꿈을 갖고 싶습니다. 바로 지금 이 순간 이땅에 하나님의 나라가 오는 것을 보고자 합니다. 누가복음(22:28-30)에는 하나님 나라를 '잔치'에 비유하고 있습니다. 그 잔치에 초대되는 사람들, 다시 말해 하나님 나라의 주인은 누구입니까? 바로 세리, 창녀, 앉은뱅이, 눈먼사람, 거렁뱅이들입니다. 이처럼 가난한 사람들이 주인이 되는 세상을 만들면 그것이 바로 하나님 나라가 아니겠습니까? 우리는 지금 이 땅에서 가난한 사람과 그 나라를 성취하는 비전을 갖도록 합시다."

이 단락의 목적은 동의를 구하는데 있다. 어떻게 했는가? 먼저 논리적으로 증명했다. 즉 '하나님 나라'에 대한 성경 속 진리를 가지고 청중의 이성에 호소했다. 그리고 나서 자신의 주장을 관철시키기 위해 정서적인 호소를 하고 있다. 위 설교문은 '하나님 나라는 가난한 사람들이 주인 되는 나라이다.'라는 명제를 증명함으로써 하나님 나라의 현실적 실현을 설득하고 있다. 이때 설교자는 청중과 일체화(identification)되려는 노력이 필요하다. 어떻게 해야 하는가? 먼저 청중이 누구인지 미리 잘 헤아려야 한다. 거기에 논리적이며 심리적인 접근이 뒤따라야 한다. 물론 자신의 사람됨이 청중의 호응을 얻을 만한 지 다시 한번 새겨보는 겸손함은 필수!

③ 가상체험 시키자
    - 묘사하는 단락 쓰기

"폭 122센치, 높이 76센치로 이루어진 직사각형의 상자로, 아카시아 나무로 만들어져 있으며 금으로 덮혀 있고 네 개의 밑 모퉁이에 있는 고리에 채를 넣어 운반하였다고 되어 있다. 뚜껑은 날개를 펼친 천사들이 그려진 금판이다."

이 글은 '성궤'를 묘사한 단락이다. 사물의 외양을 시선이 고정된 채 그리고 있다. 그런데 별로 실감할 수가 없다. 왜 그런가? 상상력이 부족하기 때문이다. 성경에 기록된 그대로를 적고 있을 뿐이다. 그런데 우리가 언제 성궤를 본 적이 있는가? 인디아나 존스의 '잃어버린 성궤를 찾아서'는 보았지만 말이다. 조금 더 상상력을 발휘해 보자. 무엇인가 매개물을 찾아서 다음과 같이 우리가 생각한 성궤를 마음속에 재생시켜 보자.

　"어릴 적 시골 뒷방에 있던 작은 뒤주가 생각납니다. 그 방에 있던 다른 물건들은 먼지가 뽀얗게 앉았는데 그 뒤주만큼은 항시 반질반질 윤이 났습니다. 우리 형제들은 아무도 그 안을 들여다 볼 수 없었습니다. 커다란 자물쇠로 잠가 놓았기 때문입니다. 만약 거기에 손을 대는 날이면 부모님의 불호령이 떨어졌습니다. 밤이면 쥐들이 지나가는지 자물통이 달그락대는 소리가 점점 크게 들려 잠이 오지 않았습니다. 나중에 안 일이지만 그 뒤주 속에는 종자로 쓰일 곡식들이 있었습니다. 성궤는 바로 그 뒤주와 같지 않겠습니까? 그러므로 하나님의 계약은 목숨 같은 종자가 아니겠습니까?"

　　④ 무슨 일이 있었는가 말하자
　　　　- 이야기 하는 단락 쓰기

　"좀 오래된 일이지만 이런 이야기가 있습니다. 어떤 아버지에게 외아들이 있었는데, 아버지는 하나밖에 없는 아들을 위해 자신의 온 삶을 다 희생했습니다. 자식이 원하는 것이면 무엇이나 다 들어 주었습니다. 아쉬운 것, 부러울 것 없이 자란 아이들이 버릇없이 자라나듯 이 아들도 그런 유형 이었던 것 같습니다. 고등학교 마치고 대학에 들어갔습니다. 옛날 이땅의 대부분의 부모들이 그러했듯 논 팔고 소 팔아 아들의 학자금을 공급했습니다. 아들은 돈만 떨어지면 아버지에게 편지를 띄웠습니다. 객지에서 고생할 아들 생각에 아버지는 빚을 얻어서라도 돈을 어김없이 보내곤 했습니다. 그러나 이 아들은 오늘 성경에 나오는 탕자처럼 친구들과 어울려 먹고 마시고 노는데 다 탕진했습니다. 어느 날 이 소식을 듣게 된 아버지는 자기의 아들을 도와주는 방식이 아들을 진정으로 돕는 길이 아님을 깨닫게 되었습니다. 그래서 더 이상 돈을 보내지 않기로 했습니다. 아버지에게 소식이 없으면 아버지 안부라도 걱정해야 할 터인데 이 아들에게 아버지라는 존재는 물주에 불과했지 자기의 염려 대상이 아니었습니다. 화가 난 아들은 아버지에게 전보를 쳤습니다. 당시 전보는 10자를 넘지 않아야 했기에 전보를 치기를, "당신 아들 굶어죽음 아들" 이렇게 쳤답니다. 전보를 받아든 아버지의 마음은 찢어질듯 아팠습니다. 그러나 아버지의 속마음을 이해하기를 바라면서 이렇게 대답전보를 보냈다고 합니다. "굶어죽어라, 애비" 전보를 받아든 아들은 분노하며 아버지와 인연을 끊기로 하고 연락을 단절했습니다. 아들은 주위 사람들에게 아버지가 내 가슴에 못을 박았다고 말하며 살 길이 막연해진 그는 이를 악물고 일하기 시작했습니다. 강산이 변할 10여 년의 세월이 두어번 지나간 후 결혼하고 자식 낳고 안정된 삶을 살게 된 아들이 가만히 생각해 보니 그가 아버지의 전보 "굶어 죽어라 애비" 받아든 다음부터 분발하여 살기 시작한 것이 그의 인생의 전기이었던 것을 깨달았습니다. 그래서 고향 떠난지 20여년만에 추석 절에 고향 집으로 아버지를 찾아갔습니다. 그랬더니 아버지가 지난해 세상 떠나셨다는 것이고 유서 한장을 남기셨다는 것입니다. 유서에는 "아들아, 너를 기다리다가 먼저 간다. 너를 하루도 잊어본 날이 없다. 네가 소식을 끊은 후 하루도 나에게는 고통스럽지 않은 날이 없었단다. 정말 너를 사랑했다. 내가 보낸 전보는 너의 인생의 분발을 자극하고 싶어서 였단다. 부디 이 애비를 원망 말고 행복한 삶을 살아가기 바란다. 가슴에 못박힌 애비가" 이 편지를 받아들고 아버지의 무덤으로 달려간 그는 아버지 무덤 앞에 엎드려져 이렇게 흐느끼며 부르짖었다고 합니다. "아버지, 제가 잘못했습니다. 불효자식이 아버지의 마음을 몰랐습니다. 아버지 가슴에 못을 박은 것은 저였습니다. 아버지가 제 가슴에 못박은 것이 아닙니다. 제가, 제가, 이 자식이 아버지 가슴에 못을 박았습니다."14)

무슨 일이 일어났는가를 설명으로 하는 것보다는 이야기를 하는 것이 낫다. 왜냐하면 실감나기 때문이다. 청중은 가르침보다는 함께 동참하기를 원한다. 위 이야기는 누가복음(15:17-24)에 나오는 '탕자이야기'를 설교하기 위해 삽입한 이야기이다. 이처럼 이야기하기 위해서는 먼저 줄거리가 있어야 한다. 위 글의 줄거리가 바로 '탕자이야기'이다. 그리고 의미가 있어야 한다. 위 단락의 의미는 무엇인가? 그것을 어디서 찾아야 하는가? 바로 사건의 변화에서 찾아야 한다. 불효자식이 아버지의 진심을 알게 되는 그 지점에서 아버지의 존재는 변화를 일으킨다. 가장 중요한 것은 설교자의 입장과 태도이다. 이 이야기를 어떻게 받아드리고 주님의 뜻과 연결시킬 것인가를 생각하는 자세가 필요하다.

(3) 여운을 남기자
- 끝맺는 단락 쓰기

글 초입의 좋은 단락쓰기는 설교에 힘을 준다. 그 힘으로 설교의 지루함을 혹시나 혹시나 하며 참는 것이다. 글의 끝맺음에 필요한 것은 힘보다는 오래가는 여운이 되었으면 한다. 다 끝났는데 힘 써 무엇

---

14) 이동원,「아버지의 사랑 이야기」, 2002. 10. 22 주일설교, 설교신문.

하겠는가? 인간은 망각의 동물이라 지난 일들의 좋고 나쁨은 오래 가지 않는다. 사랑하여 이별 해본 사람이면 누구나 알지 않을까? 이처럼 강한 인상을 남기도록 하자.

① 옷깃을 여미고

"우리는 예수를 하나님의 아들로 받아들이는 믿음에서 출발하여 그분을 주님으로 사랑하는 경지에 이르게 될 때에 신앙생활의 최고 수준에 도달합니다. 그러나 아무리 사랑이 신앙생활의 최고봉을 이룬다 하더라도 거기에 정지해 있을 수 없습니다. 예수에 대한 사랑은 예수의 양떼를 먹이는 새로운 실천으로 나아가는 새 출발점이 되어야 합니다. 예수의 양떼를 먹이는 실천은 예수를 따르는 실천과 유리되어서는 안 됩니다. 예수에 관한 어떤 명제가 아무리 참된 것이라 하더라도 그것 자체를 고립시켜 절대화하면 그것은 우리를 노예로 만드는 경직된 거짓 진리가 될 것입니다. 진리는 다른 진리와의 끊임없는 순환적 연관관계 속에서 우리를 자유롭게 하는 참된 진리로 작용할 것입니다. 오늘의 본문 말씀이 우리에게 가르치는 것은 바로 이 사실입니다. 우리는 응고된 명제적 진리의 노예가 되지 않아야 합니다. 우리는 인간에게 사랑과 생명과 자유를 선사하는 참된 진리의 자녀, 진리의 일꾼으로 부름을 받았습니다."15)

이 단락은 몸통 단락들의 내용을 요약하면서 다시 강조하고 있다. '사랑은 움직이는 거야'라는 광고문구를 연상하게 한다. 사랑이라는 것이 굳어 있는 절대진리가 아니라 새로운 진리를 향해 출발하는 변

---

15) 김창락, 「사랑은 목표점이지만 새로운 출발점이어야 한다」, 주일예배, 한백교회, 2007. 6. 4.

화의 동기가 되어야 함을 강조하고 있다. 이처럼 끝맺음 하는 단락쓰기는 몸통 단락들의 내용을 요약, 보충, 재강조하면서 완성하는 모습이면 되겠다. 한 가지 더 한다면, 남의 말이나, 문학적 표현 등을 인용하면서 끝내는 것도 여운을 남기기에 좋을 것 같다. 위 단락의 경우, 테레사 수녀의 기도문을 인용하면서 끝내면 어떨까?

오! 예수님 나를 해방시켜 주십시오.

사랑받고자 하는 욕망으로부터 나를 해방시켜주십시오.
높임받고자 하는 욕망으로부터 나를 해방시켜주십시오.
명예롭고자 하는 욕망으로부터 나를 해방시켜주십시오.
칭찬받고자 하는 욕망으로부터 나를 해방시켜주십시오.
더 우월한 사람이 되고자 하는 욕망으로부터 나를 해방시켜주십시오.
관심의 대상이 되고자 하는 욕망으로부터 나를 해방시켜주십시오.
명성얻고자 하는 욕망으로부터 나를 해방시켜주십시오.
낮아짐에 대한 두려움으로부터 나를 해방시켜주십시오.
멸시받음에 대한 두려움으로부터 나를 해방시켜주십시오.
책망의 두려움으로부터 나를 해방시켜주십시오.
비방받음의 두려움으로부터 나를 해방시켜주십시오.
잊혀짐의 두려움으로부터 나를 해방시켜주십시오.
실수의 두려움으로부터 나를 해방시켜주십시오.
조롱받음의 두려움으로부터 나를 해방시켜주십시오.

② 거침없이 하이킥

"주님은 말합니다. "어찌하여 너희는 당황하느냐? 어찌하여 마음에 의심을 품느냐?"(눅 24:38). 힘이 약해질 때, 마음이 희미해 질 때, 우리에게 말씀하시는 주님의 음성을 들어야 합니다. 그 음성은 우리를 죽음에서 일으키고 되살리는 기적의 음성이 될 것입니다.

찬송가 411장 '예수 사랑하심은'은 어린이 찬송가로 유명합니다. 이것은 1860년 안나 버틀렛 위너와 그의 언니 수잔이 발표한 소설에 나오는 이야기입니다. 한 어린이가 불치의 병으로 죽어가는 중에 그의 아저씨가 들려주신 메시지, "예수님이 너를 사랑하신다"는 평범한 말씀이 이 어린이에게 큰 감동과 충격을 줍니다. 어린이는 큰 감격으로 그 병상에서 벌떡 일어나 노래합니다. "예수께서 나를 사랑하시는 것을 이제야 압니다. 그것은 성경이 나에게 그렇다고 말하기 때문입니다. 어린아이들, 그들은 모두 주께 속하였습니다. 우리들은 약하지만 주님은 강하십니다"라고. 바로 이 찬송 시에 브레드 버리가 곡을 붙인 것이 오늘 우리가 부를 찬송입니다."16)

이 설교문은 우리가 주님의 사랑 안에 머물기 위해 우리 안에 주님에 대한 감격이 있어야 하며, 그 감격을 위해 항시 기도하고 주님에게 집중하자는 내용이다. 위 맺음 단락은 이러한 내용을 요약하는 것에 멈추지 않고 거침없이 한 발 더 나아가 설교의 분위기를 고조시키고 흥분을 계속 유지시키고 있다. 그리고 찬송가의 예를 들어 청중의 눈길을 이질적인 것에 주도록 이끌고 있다. 이 전환의 방식은 계속해서 설교의 여운을 남기게 된다.

---

16) 김경호, 「기도하여 하나님께 집중하라」, 설교마당, www.newsnjoy.co.kr, 2006. 11. 15.

5. 회개하라!
- 글 고쳐쓰기

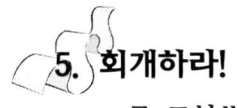

　세례자 요한이 요르단 강가에 갑자기 나타나 외친 말이 있지요. "심판의 날이 다가오고 있습니다. 죄를 뉘우치고 회개하시오." 설교문 쓰는 죄까지야 있을까? 하지만 청중 앞에 서야 하는 심판의 날은 반드시 있다. 그러므로 설교문 또한 좋은 열매를 맺지 못해 도끼에 찍혀 불 속에 던져지는 나무 신세가 되지 않도록 퇴고의 과정이 있어야겠다. 다음 사항들을 점검해 보도록 하자.

1) 글 전체를 조망하자
　(1) 글 내용과 제목, 소제목 등은 어울리는가?
　(2) 주제파악을 다시 한 번 하자. 주제는 애초에 쓰려고 하는 방향과 의도와 맞아 떨어지는가?

2) 단락과 단락을 두드리자
　(1) 각 단락의 연결은? 도입 단락과 몸통 단락 맺음 단락 등 각 단락의 연결 부위가 꽉 조여졌는지 화차 검차하듯 두드려 보자. 일관성 있는 흐름을 타고 연결되었는지 보자는 것이다.
　(2) 각 단락에 적어도 하나의 주제문이 잘 배치되었는가?
　(3) 단락과 단락의 구분은 명확한가?
3) 문장 안의 부속들을 살펴보자
　(1) 주어와 서술어, 수식어와 피수식어가 호응되는가?

(2) 지시어, 접속어, 연결 어미 등이 제자리에 맞게 쓰였는가?
   (3) 지나치게 긴 문장은 없는가?
   (4) 생뚱맞은 문장은 없는가?

 4) 가장 나중까지 보고 또 보자
   (1) 단어의 사용은 정확하고 문맥에 맞는가?
   (2) 맞춤법, 띄어쓰기 정확한가?
   (3) 문장 부호는 맞는가?

제3부

원수! 웬수! 누구를 사랑해야 하는가?

- 구성편

1. 서론 구성의 달인은 약장수
- 서론 세우기

1) 서론의 역할
① 청중의 관심을 유발하라

　예전 시골 장터에서 여가수와 차력사, 그리고 원숭이 묘기로 약장수가 판을 벌이는 장면을 볼 수 있었다. 그러나 요즘 그것은 TV 드라마에서나 볼 수 있는 풍경이다. 여가수의 노래와 차력사의 차력시범으로 장터의 구경꾼들이 모이고 그 판의 절정을 이룰 때 약장수는 본론인 약선전으로 들어간다. 장터에서 약을 팔기 위해서는 먼저 사람을 모아야 하는 데 그러기 위해서 가수와 차력사가 필요하다. 글쓰기와 말하기도 마찬가지의 이치이다. 글의 경우, 그 첫머리에서 독자를 끌어들여서 기어이 읽게 만들어야 하고 설교의 경우도 그 첫머리에서 청중이 기꺼이 듣고 싶게끔 해야 한다. 설교 초입부터 설교자가 본론으로 곧바로 진입하는 성급한 진행은 청중에게 부담감을 준다. 청중이 설교를 듣기 위해 왔다고 해서 말씀을 순순히 받아들이지는 않는다. 청중이 온전히 설교에 집중하도록 하기 위해서는 좀 더 계산된 기교가 필요하다. 가수와 차력사를 앞세워 흥을 한껏 돋우어 사람들의 호기심과 흥미를 고조시킨 다음에 슬며시 본론으로 진입하는 노회한 약장수처럼 설교자에게도 그런 기교가 필요하다.

　커뮤니케이션 학자 클리버리(D. W Cleverly)에 의하면 청중은 일반적으로 연설을 시작한 후 30초 내에 그 연설에 주의를 기울일지 않을지를 결정짓는다고 한다. 그리고 한 세대 전에는 그 시간이 60초였다는 것이다. 그런 결정의 시간이 점점 짧아지는 데에는 방송 매체의 영향이 있을 것이다. 일반적으로 TV에서 새로운 프로그램이 시작되었을 때 그것을 계속 시청할 것인지 아니면 다른 채널로 돌릴 것인지를 결정하는 데에는 그다지 많은 시간이 걸리지 않는다. 관심을 끌만한 것이 못되면 시청자들은 지체 없이 즉각적으로 채널을 돌려버린다. 그래서 TV에서 새 프로그램 방영의 시청률은 3분 안에 그 승패가 좌우된다고 한다. 대중매체와 설교가 질적으로 다른 영역이라고 하더라도 이런 사실을 미루어 볼 때 설교가 시작되는 서론에서 청중의 관심을 끌어야 하는 이유를 알 수 있다.

청중이 설교를 듣기 위해 왔으니 말씀을 잘 받아들이겠거니 생각하고 설교 주제에 관심을 당연히 가지리라고 기대하는 것은 설교자의 어리석은 착각이다. 청중은 오롯한 마음으로 예배드리고 싶어 하지만 무시로 헤쳐 나오는 잡념을 어찌할 수 없다. 그들은 일상사에 지쳐있고 그 일에서 여전히 헤어나지 못하고 있으며 여차하면 그곳에 신경이 쏠리게 된다. 그래서 하나님의 말씀을 듣고자 하는 간절한 마음에도 불구하고 강인한 끌림이 아니면 그런 소망은 슬그머니 달아나고 만다. 그러므로 서론에서 청중의 관심을 사로잡아 설교에 집중하도록 해야 한다. 서론에서 관심을 끌지 하지 못하면 설교 도중에 관심을 끌어내기가 어렵다.

② 설교의 주제를 암시하라

서론은 설교의 주제 제시와 본문, 그리고 제목을 포함한다. 이를 통해서 설교의 방향을 나타낸다. 설교의 주제로 인도하는 것이 서론의 역할이나 앞으로 전개될 내용을 요약하여 전달하는 것은 아니다. 예컨대 "오늘의 말씀을 통해 고난이 여러분에게 왜 필요한지를 살펴보려고 합니다."라고 하면 고난의 필요성을 역설하리라는 것을 예상할 수 있다. 그런데 "오늘의 말씀을 통하여 고난이 여러분에게 은총과 축복을 내려준다는 사실에 대해 말하려 합니다."라고 하면 결론까지를 죄다 보여주는 셈이 되고 만다. 이러한 제시는 교인들의 기대를 반감시킨다. 서론에서 설교의 주제를 적나라하게 노출하는 것보다 베일에 가려진 듯 암시적으로 제시하는 것이 좋다. 그래서 설교자가 청중의 관심을 불러일으킨 주제를 어떻게 전개하는가를 청중이 스스로 발견하도록 해야 한다. 주제를 암시적으로 제시하여 청중이 좇아오도록 유도하는 것이 서론의 덕목이다.

2) 효과적인 서론

설교자들은 서론에서 청중의 관심을 유도해야 한다는 사실을 의식한 탓인지 세속적인 서론으로 출발하는 경향이 있다. 그런데 신학자 칼 바르트(Karl Barth)는 세속적 서론으로 출발하는 것을 경계하며 성경적인 서론이 아니면 불필요하다고 말한다. 세속적 서론은 하나님의 말씀으로부터 청중의 생각을 다른 데로 돌리게 하는 위험성이 있다는 것이다. 설교자가 청중의 관심을 끌기 위해 자극적인 이야기로 출발하는 데에는 청중을 성서의 세계로 인도하려기보다는 청중의 순간적인 관심과 집중을 꾀하려는 계산이 개입되어 있기 때문일 것이다. 청중의 관심을 유발해야 한다는 중요성을 인식하면서 바르트의 지적도 간과하지 말아야 할 것이다.

세속적 서론이 아니라 성경적 서론으로 시작하면 설교에 권위가 부여된다. 그러나 도입에서 성경의 본문으로 바로 진입하면 청중은 부담감을 느끼게 된다. 서론에서 본문으로 바로 돌입하기보다는 청중이 주제에 대한 방향을 감지하게 하고 그에 대한 관심을 충분히 유발시킨 후에 본문으로 진입하는 것이 좋다. 아마 다음과 같은 형식으로 시작하는 설교를 들어본 적이 있을 것이다. "오늘 우리에게 주신 하나님의 말씀은 에베소서 6장 18절입니다. 모든 기도와 간구로 하되 무시로 성령 안에서 기도하고 이를 위하여 깨어 구하기를 항상 힘쓰며 여러 성도를 위하여 구하라. 바울은 우리에게 성령님 안에서 항상 기도하라고 말합니다. 기도는 악한 영과 싸울 수 있는 힘 있는 자원입니다. 성경은 우리에게 계속해서 기도하도록 권면하고 있습니다." 본문과 결론을 뭉뚱그려 내놓은 서론에서 설교자의 성급한 마음이 노출되어 있다. 뿐만 아니라 청중의 관심도 끌어내지 못한다. 청중의 관심을 유발하기 위해 서론을 다양한 방법으로 시도해야함에 불구하고 틀에 박힌 정형화된 형태로 진행되는 것이 허다하다. 서론을 단순히 설교의 시작을 알리는 처음 몇 문장 즈음으로 느슨하게 생각해서는 안 된다. 짧은 서론에 청중의 관심을 사로잡아야 한다. 좀 더 유연한 도입으로 청중의 관심을 유발할 수 있는 효과적인 서론은 없을까? 설교의 서론을 살펴보도록 하자.

> 우리나라에 소설가 박범신이라는 분이 계십니다. 그 분이 히말리야를 다녀온 체험을 책으로 출판했습니다. 그 책의 이름이 『비우니 향기롭다』입니다. 그 책에 네팔의 민요 〈레섬 피리리〉에 관한 이야기가 있습니다. 그 노래는 네팔 사람들이 모여 노는 자리라면 언제나 부르는 노래여서 쉽게 들을 수 있다고 합니다. 그 노래는 사랑의 감정을 사냥에 비유하고 있습니다. 한 방의 총알 두 방의 총알을 날려 보지만, 내가 진정 쏘고 싶은 것은 사슴

> 이 아니라 사랑하는 임의 마음이라는 뜻을 담고 있습니다. 여러분은 진정 쏘고 싶은 것이 있다면 그것이 무엇입니까? 인생의 과녁으로 하고 싶은 것이 무엇입니까? 이 노래 내용을 읽으면서 나는 무엇을 쏘고 싶은 것이었을까 하고 생각해 보았습니다. 나는 진정 무엇을 과녁으로 삼고 있는가를 깊이 생각했습니다. 저는 시므온의 삶의 궤적을 내 인생의 과녁으로 삼고 싶어 했습니다.
>
> - 황형택 목사, 〈고난의 은총〉, 강북제일교회, www.kangbukjeil.org. 2006. 4. 30.

사랑이라는 인간의 보편적 정서에 접근하여 기독교인으로서 신앙의 자세를 말하고자 하는 설교자의 의도가 암시되어 있다. 연인이 사랑하는 상대의 마음을 조준하는 것처럼 청중이 인생의 목표로 삼고 있는 과녁이 무엇인지를 물으며 관심을 집중시키고 있다. 설교자는 시므온을 제시하여 그의 삶을 조명하면서 그를 닮고 싶어 했던 이유를 말하고자 한다. 청중의 관심을 유발하여 공감대를 형성하고 설교를 받아들일 수 있는 상태에 이르러 설 때 주제를 밝혀야 한다. 그래야 설교의 주제와 본론에 연결되는 서론이 완성된다.

3) 서론의 필수요건

① 관심을 유발하라

성서의 세계로 인도하기 위해 청중의 관심을 불러일으키게 하는 것이 서론의 관건이다. 설교학 저서에는 서론의 유형(types), 또는 효과적인 서론 전개로 청중의 관심을 유도해야 한다는 중요성을 강조하고 있다. 청중이 설교를 기껍게 받아들이게 하기 위해서 설교자는 그들의 관심과 흥미를 유발해야 한다. 그런데 그것을 지나치게 의식한 나머지 설교의 주제와 연관성을 놓치는 어리석음을 범해서는 안 된다.

② 간결하게 하라

설교 내용의 약 10%가 본론에 이르는 길을 준비하는 서론에 해당하는 시간이다. 30분의 설교라면 3분 정도가 적절하다. 설교를 '영혼의 양식'이라 하여 삶에 필요한 영양이 가득한 요리로 비유하기도 한다. 맛있는 요리를 내놓기 위해 상 차리는데 시간이 너무 지체되면 기다리는 사람은 식욕을 잃게 된다. 그러나 시간적으로 적절한 뜸들이기는 기대감과 호기심을 증폭시키며 구미를 돋운다. 3분 정도에서 청중의 식욕을 한껏 돋우라.

서론의 간결성이란 시간적으로 짧은 것만을 의미하지 않는다. 서론에서 하나의 이야기만 하고 다른 이야기를 끌어들이지 않는 단순한 간결함이 있어야 한다. 중심요리(main dish) 전에 내놓는 야채샐러드는 소량으로 위에 부담을 주지 않으면서도 식욕을 충분히 돋우어 준다. 서론에서 잡다한 요리를 내놓아 중심요리의 맛을 잃게 해서는 안 된다. 주제를 제시하기 위해 주변적인 것을 잡다하게 늘어놓다 보면 핵심을 제시하지 못할 우려가 있다. 서론은 간단명료하면서 설교의 방향을 제시해야 한다.

③ 설교의 주제와 일치시키라

미국에서는 설교의 서론을 곧잘 유머로 시작한다고 한다. 엄숙하고 경건한 예배를 드리는 우리와 달리 유머로 출발하는 미국의 설교가 낯설면서도 경쾌했다고 설교자들은 말한다. 그런데 그 유머가 설교의 주제와 무관하다는 것을 문제점으로 지적했다. 청중의 관심을 끌기 위해 유머를 도입했지만 그것이 설교의 주제와 무관하여 유머 그 자체로 활용될 뿐이라는 것이다. 이것을 달리 말하면 서론과 본론과의 불일치이다. 그래서 본문을 연구하여 설교의 본론을 작성한 후 마지막에 서론을 작성하는 것도 좋은 한 방법이다. 이런 순서는 설교자가 주제를 파악하고 있어서 청중에게 다가갈 수 있는 효과적인 서론을 작성할 수 있기 때문이다. 결국 본론과의 다리를 놓는 작업이 서론 세우기이다. 서론이 설교의 주제와 연관성이 없으면 안 된다는 사실을 명심해야 한다.

④ 청중의 삶과 연관시켜라

성경의 과거 이야기와 현재 청중의 삶과 밀접한 연관성이 있음을 제시해야 한다. 그래야 청중은 수천 년 전의 성경 이야기를 자신의 것으로 받아들이게 된다. 자신과 무관한 아득한 옛이야기에 귀 기울이는 사람은 없다. 성경의 본문을 설명하는 것으로 출발하는 설교는 날 것 그대로를 식탁에 올려놓는 격이다. 날 것을 보며 군침 삼킬 사람은 없다. 날 것은 설교자의 조리과정을 거쳐야 먹음직스러운 음식이 완성된다. 성경의 본문과 청중의 삶과의 연관성이 필요하다. 그 둘의 관계를 이어주는 이음새가 있어야 청중이 관심을 가지고 따라 온다. 설교가 청중의 삶과 밀착되어야 그들의 신뢰와 기대를 받게 된다.

⑤ 구체적으로 제시하라

서론을 추상적이고 일반적인 것에서 시작하면 청중은 흥미를 잃게 된다. 가령 "인생의 목적이 무엇인가" 혹은 "인간은 왜 사는가?" 이런 종류의 물음은 너무 무겁고 한 마디로 답하기도 어렵다. 무거운 주제와 막연한 설교 내용에 청중은 질겁하여 설교를 듣고 싶어 하지 않을 것이다. 설교 주제의 범위를 한정하라. 주제의 범위가 넓으면 추상적으로 흘려서 설교가 뜬구름 잡는 격이 된다. "오직 믿음을 통해서만 하나님이 우리를 구원하신다는 사실을 확신하십니까?"라고 질문하여 본문의 원칙을 제시하는 메시지로 서론을 시작하지 마라. 그보다는 차라리 "여러분이 하나님의 형상으로 빚어졌다는 사실을 실감하면서 인간의 선함을 느꼈던 때가 있다면 그것이 언제입니까?" 하고 체험에 기대어 질문하는 것이 낫다. 설교 내용이 막연하고 추상적인 것보다는 사실적이고 구체적이어야 청중은 쉽게 받아들이게 된다.

5) 서론의 유형

서론의 유형을 살펴보고 다양한 서론 제시 방법을 연구하여 매주 새로운 유형의 서론을 시도해 보라.

① 개인적 체험

설교자는 자신의 체험을 말하는 형태를 흔히 사용한다. 그것은 서론 구성을 보다 쉽게 채택할 수 있는 편리함이 있고 자신의 체험인 만큼 실감나게 말할 수 있기 때문이다. 그러나 그것은 자칫하면 설교자의 잡다한 일상사를 늘어놓는 위험에 빠지기 쉬우므로 경계해야 한다. 그래서 개인적 체험이 설교의 주제와 어떤 연관성이 있는지 점검해야 한다. 설교자와 청중과의 관계에 인격적 신뢰가 바탕이 되어 있고 설교자의 개인적 체험이 설교의 주제와 긴밀한 연관성이 있으면 개인적 체험을 말하는 서론은 효과를 거둘 것이다.

> 이미 고인이 되신 제 부친은 살아 계실 때 오늘 제가 하듯이 창세기 22장 1-14절을 본문 삼아 가끔 설교를 하셨습니다. 제가 설교자의 말을 겨우 알아듣기 시작할 어린 나이 때도 그는 자식까지 번제로 바치는 일을 서슴치 않았던 아브라함의 순종을 설교하셨고, 당신의 아들이 목사가 되었을 때도 거의 같은 내용의 설교를 도취되어 하시곤 하셨습니다. 그의 설교에는 늘 아브라함의 순종, 자식을 바치기까지 복종하는 믿음, 자식을 바치기까지 아버지 아브라함이 겪었을 그 말로 다 할 수 없는 슬픔을 감동적으로 상상하시곤 하셨습니다. 그러나 그 설교를 듣는 아버지의 아들은 아버지만큼 감동적이진 못했습니다. 저렇게 믿음이 좋고 하느님께 대한 순종심이 강한 아버지께서 언젠가는 아브라함처럼 나를 잡아 죽여 하느님께 제물로 바치면 어떻게 하나 하는 두려움 때문에 믿음 좋은 아버지를 가능한 한 멀리했던 것이 저의 어린 시절의 한 단면입니다.
>
> - 민영진, 『하느님의 기쁨 사람의 희망』, 삼민사, 1991, p.150.

아브라함이 아들 이삭을 하나님께 번제물로 바친다는 성경 이야기를 통해 아브라함의 믿음과 순종을 아낌없이 칭송해 왔던 것이 일반적인 설교이다. 그런데 민 목사는 이 이야기에 두려움을 느꼈던 유년의 경험을 고백하여 우리가 익히 알고 있는 성경의 내용을 의심 없이 받아들이고 있는 것에 대해 제동을 걸며 전복적 사고를 유도한다. 그리고 이어서 사사기 11장 31-40절 입다의 딸 이야기를 더하여 아버지의 믿음이라는 폭력으로 이삭은 살지만 입다의 딸은 죽임을 당한 사실을 말한다. "아브라함이나 이삭처럼 살아난 남성은 '입다'들이 그들의 '외동딸'들을 믿음이나 순종의 이름으로 희생시키지 못하도록 방해해야 합니다. 말려야 합니다. 거기에 화해가 있고 감격이 있고 죽임이 아닌 살림이 있습니다."라고 주장한다. 서론에서 민 목사의 유년시절의 체험 고백이 설교 주제와 긴밀한 연관성을 가지며 아브라함과 이삭, 입다의 딸 이야기가 오늘날 우리의 이야기로 받아들이게 하고 있다.

② 통계 자료

통계 자료는 과학적 신빙성이 있으므로 이것을 적절히 활용하면 설득력을 가지게 된다. 통계 수치를 제시하면서 말하는 것과 막연히 '엄청나게 많다' 혹은 '엄청나게 적다'라는 식으로 표현하는 사이에는 그야말로 엄청난 차이가 있다. 구체적 자료가 제시되면 전달하는 내용을 신뢰하게 된다.

> 올해 5월에 우리나라 통계청에서 종교 인구를 발표했습니다. 의미 있는 자료라고 생각합니다. 한국개신교 인구는 861만 명으로 집계되었습니다. 한때 1200만, 1300만 명이라고 운운하던 것과는 상당히 차이가 있었습니다. 861만과 1200만의 차이니까 340만 정도 차이가 있습니다. 지난 10년 사이에 개신교 인구는 늘어난 것이 아니라 통계청 자료에 의하면 14만4천명이 줄어들었습니다. 이 기간 동안에 불교는 전체가 40만5천명이 늘어났습니다. 그런데 놀랍게도 천주교의 도약입니다. 지난 10년 동안 천주교 신자는 무려 219만5천명이 늘어났습니다. 여러분 어떻게 생각하십니까? 지난 10년 동안 우리 한국의 종교 인구, 늘어난 증가의 숫자가 도합 237만입니다. 그 중에서

> 가톨릭 증가숫자가 219만5천이니까 전체 한국 종교 인구의 증가 수에 무려 92.5%를 차지하고 있습니다. 이에 비해 기독교의 영향이 미미하기 그지없습니다. 영향력의 확대가 됐다기보다는 영향력이 많이 줄어들었다고 보는 게 맞겠지요? 이 통계청 발표가 나고 난 뒤에 많은 기독교인이 충격을 받았습니다. 한국이 복음의 마지막 주자라고 자부했던 사람들, 세계에 유례가 없었던 한국 교회의 부흥에 자존심을 가졌던 지도자들이 충격을 받았습니다. 이 사실에 충격을 받은 기독교인들은 여러 진단을 내놓고 있습니다. 공통적으로 흔히 이렇게 말합니다. 결국 교회가 문제가 아니겠는가? 교회를 다니는 교인이 문제가 아니겠는가? 여러분은 동의하십니까? 교회가 세상 단체하고 별로 다를 게 없다. 기독교인이 믿지 않는 사람과 별로 다르지 않다. 삶의 변화가 없는 종교에 사람들은 더 이상 매력을 느끼지 못하고 등을 돌립니다. 여러분! 어떻게 생각하십니까? 그렇다고 해서 이것을 고개를 끄덕이며 주저앉아 있을 수만 없지 않습니까? 그러면 오랫동안 교회를 다녔지만 삶의 변화를 가지지 못했다면 그 이유가 무엇일까요?"
>
> — 박완철 목사, 〈예수께서 안수하시매〉, 남서울은혜교회, www.nsgrace.org. 2006. 8. 6.

설교자는 천주교인이 비약적으로 증원된 사실에 반해 기독교 신자가 늘어나지 않는 원인을 물으며 기독교인으로서 신앙적 삶에 대한 성찰을 시도하고 있다. 이때 제시된 통계청의 조사에 의한 종교 인구 통계자료는 유효한 근거 자료가 된다.

③ 뉴스

삶의 현장 설교(Life- Situation Preaching)로 유명한 미국의 해리 포스딕(Herry E. Fosdick) 목사는 매스컴에서 알려진 사건을 많이 활용한다. 매스컴을 통한 생생한 자료나 시사성이 있는 내용을 서론으로 활용하면 청중과의 공감대를 쉽게 형성할 수 있고 현실적인 감각도 기를 수 있다.

> KTX 승무원들이 단식을 하고, 홈 에버, 이랜드 아줌마들이 파업을 하고 있습니다. 물론 이들의 문제는 지금 우리 사회에서 가장 심각한 사회문제인 비정규직에 관한 것입니다. 노동자의 반에 가까운 숫자가 비정규직으로 전락했으니 참으로 안타까운 상황입니다.
> 그러나 오늘 이야기는 조금 다른 각도에서 보겠습니다. 지금 단식과 농성 중인 KTX 승무원들이나 홈에버 노동자들은 또한 우리 사회가 안고 있는 성차별의 문제도 함께 내재되어 있습니다. 여성은 단지 사회 보조자로서, 남편이 버니까 단지 보조역할로 인정하는 여성에 대한 차별도 존재합니다. 이런 생각들에서 여성들을 싼 임금에 고용하고 해고도 손쉽게 하기도 합니다. 비정규직으로 해고당하는 노동자 중에는 여성의 비율이 월등하게 높습니다.
> 지금 농성 중인 홈에버 아줌마들은 불과 한두 달 전만해도 파업하는 사람들을 이상하게 보던 평범한 아줌마들이었다고 합니다. 어떤 정책이든지, 어떤 종교이든지 밑바닥의 민중을 희생 시키고 얻어내고자 하는 것들은 거짓이고 허구입니다. 민중을 희생하고 세워지는 성장이나 복지라는 것은 빛 좋은 개살구에 불과한 것입니다.
>
> - 김경호 목사, 〈여성시대, 남성의 해방〉, 2007. 7. 15. 들꽃향린교회, www.hyanglin.net.

마태복음 11장 25-30절을 본문으로 한 설교이다. 비정규직 법안이 통과되면서 비정규직 근로자들이 고용을 보장받기보다는 대량 해고당하는 사태가 일어나고 있는 것이 지금의 상황이고 뉴스거리이다. 현재 사회적 현안인 비정규직 문제를 서론에서 제시하며 특히 여성들이 차별받는 현실에 무게를 두고 있다. 예수님께서 오늘의 수고하고 무거운 짐을 지고 가는 여성과 남성을 동시에 해방하기 위해 우리들을 부르신다는 성서의 세계로 이끄는 데 현장감 있는 서론이다.

④ 예화

예화는 설교의 핵심을 명료하게 하여 그 내용을 효과적으로 전달하여 청중이 설교 내용을 쉽게 이해할 수 있도록 도와준다. 따라서 예화와 설교의 주제가 밀접한 연관성이 있어야 한다. 예화를 통해 본문의 의도가 잘 전달될 수 있도록 서론을 구성해 보는 것도 한 방법이다. 설명이 필요한 긴 예화보다 짧지만 강인한 인상을 줄 수 있는 예화가 좋다. 그렇다고 선정적인 예화를 제시해서는 안 된다. 한편에서는 설교의 핵심을 놓쳐 버리고 예화만을 기억하는 경우가 있어서 예화 사용을 반대하는 학자도 있다. 예화는 설교 내용을 전달하기 위한 보조 자료이므로 설교의 핵심을 빠뜨리지 않도록 유의해야 한다. 뒤에 <예화>에서 구체적으로 다룰 것이다.

6) 서론에서 주의할 사항

① 변명을 늘어놓지 마라

설교자가 설교 준비를 충실히 하지 못했을 경우, "제가 지난 주 심한 감기 몸살을 앓느라고 설교 준비를 하지 못했습니다."며 송구스러워하며 양해를 구하는 경우가 있다. 설령 설교 준비를 충분히 하지 못했다 하더라도 그런 변명을 배제하고 서론을 바로 시작하라. 서론에서 구차한 변명을 늘어놓는 설교자를 솔직한 인물로 보기보다는 불성실한 사람으로 여기고 신뢰하지 않게 된다.

② 과대포장하지 마라

서론에서 관심과 기대로 잔뜩 부풀어 올려놓았던 주제가 본론에 가서 그것과 거리가 먼 내용으로 전개된다든지, 또는 본론이 너무 빈약하게 전개되어 허탈감을 주는 용두사미(龍頭蛇尾)격이 되어서는 곤란하다. 청중은 성서와 교리에 대해 의문을 가질 수 있다. 그것을 단 한 번의 설교를 통해 의문을 해결할 수 있는 비책을 제시하겠다는 무리한 약속이나 과장을 하지 말아야 한다.

③ 틀에 박힌 서론에서 벗어나라

어떤 설교자는 "사랑하는 형제 자매 여러분, 오늘 우리에게 주시는 하나님 말씀은 누가복음 2장 25-27절입니다." 라고 하여 천편일률적으로 시작하는 경우가 있다. 그것은 오늘 말씀의 본문을 알려주는 정보이지 서론이라고 할 수 없다. 틀에 박힌 유형에서 탈피하여 다양한 변화를 시도하라.

2. 최후의 만찬을 이렇게 준비하라
- 결론 내리기

1) 결론의 중요성

사도행전 20장 9-12절에는 창에 걸터앉아서 바울의 강론을 듣던 유두고가 졸음을 이기지 못하여 창에서 떨어졌다는 기록이 있다. 혹 끝날 듯, 끝날 듯 하면서 끝나지 않는 설교가 잠으로 몰아간 것은 아니었을까 상상해 본다. 설교자가 설교를 깔끔하게 마무리 짓지 못해 청중을 유두고처럼 잠의 나락으로 떨어뜨리게 한 적은 없는지 자문해 보아야 한다.

좋은 영화 한 편을 보고 나면 감동의 여운이 오랫동안 남는다. 마지막 장면이 인상 깊었을 때는 그 여운은 더욱 깊게 남는다. 감동적인 설교도 역시 그렇다. 감동적인 결론 메시지가 청중의 가슴에 새겨지면 그들은 하나님 말씀을 실천하려는 결의를 다지며 세상으로 나가게 된다. 이것이 결론에 힘을 실어야 하는 이유이다.

커버넌트 신학대 교수인 브라이언 채플(Bryan Chapell)은 청중이 설교의 어느 부분을 가장 잘 기억하는지를 조사했는데 그 결과는 다음과 같다. 결론과 서론, 예화(특히 서론과 결론에서의 예화), 특별한 적용, 메시지의 기본적 아이디어, 메시지 내의 흥미로운 사고, 주제, 강해적 설명이었다. 청중이 잘 기억하는 것은 설교의 결론과 서론이므로 청중과 성서의 진리를 만나게 하려는 계획은 결론과 서론에 투영시키는 게 좋다. 이런 중요성에 불구하고 결론이 허술하게 처리되는 경우가 있다. 설교의 본론에 너무 심혈을 기울였다가 지친 탓일까? 설교가 원만히 진행되다가 결론이 맥없이 풀어지거나 혹은 내용이 갑작스럽게 꺾어지면서 곁길로 빠져 앞의 내용과 연관성 없이 끝나는 경우가 있다. 그것은 설교자가 오늘의 본문 말씀을 선택한 이유와 그 본문을 바탕으로 어떤 말씀을 전하고자 하는 목적의식이 결여되었기 때문이다. 목적의식이 확고하면 결론이 분명하게 드러나게 된다.

설교의 각 부분마다 중요하지 않은 부분이 어디 있으랴! 그렇지만 특히 결론의 중요성을 강요하지 않을 수 없다. 서론에서 주제를 암시하고 본론에서 그 주제를 전개하고 발전시켜 결론에 이르러서 주제를 종합하여 마무리하여야 한다. 한 주제를 뒷받침하는 3개 이상의 대지를 거쳐서 설교의 정점(頂點)에 이르게 된다. 결론은 설교의 순서상으로 마지막이라는 위치만을 의미하지 않는다. 그것은 설교의 종착 지점이면서 청중이 강렬한 인상을 받을 수 있는 설교 전체의 클라이맥스(climax)이다. 설교의 궁극적인 지향이 결론에 있으므로 무게를 두지 않을 수 없다. 그래서 라센(Larsen) 교수는 학생들에게 설교를 준비하는 데 허락된 시간의 3분의 2를 메시지의 마지막 부분(3분의 1)을 작성하는 데 사용하라고 권고한다. 청중에게 가장 깊이 영향력을 미치는 결론에 시간을 투자하라는 것이다. 설교의 마지막 2-3분이 설교의 목적이 성취되는 최종의 순간이다. 따라서 설교자는 청중에게 인상적인 성찬이 되게 하기 위해 세심한 준비가 필요하다. 이에 대해 런던 웨스트민스트 교회의 목사였던 캠벨 모건(G. Campbell Morgan)은 "모든 결론은 마무리를 지어야 하며, 포함해야 하며, 배재해야 한다"고 하였다. 결론은 앞에서 말한 내용을 종합하는 단계이므로 내용의 일관성이 유지되어야 한다. 앞에서 말한 내용과 동떨어지면 전달하려는 의미가 상실되어 통일성을 잃게 된다. 불필요한 내용을 배제하고 설교의 핵심을 함축하며 전달하려고 하는 내용이 절정에 이르렀을 때 설교를 마무리하는 것이 결론의 기술이다.

2) 좋은 결론의 특성

① 간결하게 하라

수업 끝나는 종이 울렸는데 개의치 않고 계속 설명하는 경우가 있다. 가르치는 내용이 중요하다 할지라도 학생들의 귀에 그 내용이 들어올 리 만무하다. 제때에 끝내지 않고 계속 되는 설명은 학생들의 주리만 틀리게 할 뿐이다. 설교의 결론도 매듭을 짓지 못한 채 질질 끈다면 마찬가지 결과를 가져올 것이다.

결론에서 청중이 설교의 내용을 상기할 수 있도록 그 핵심을 요약하여 제시하는 것이 좋다. 결론이 간결해야 청중이 기억하기에 좋다. 결론을 장황하게 늘어놓으면 십중팔구 실패하게 된다. 결론은 일반적으로 전체 시간의 10퍼센트 정도가 적당하다. 30분의 설교라면 결론은 2-3분 정도가 적절하다. 긴장감이 생기도록 밀도 있게 구성하여 짧은 시간에 해야 한다. 서론이 주제를 암시하며 그 내용을 소개한다면 결론은 주제를 명확하게 드러내며 강조한다. 청중에게 메시지를 각인하기 위해서는 단일한 결론을 단문으로 제시하는 것이 효과적이다.

② 긍정적으로 마무리하라

인간의 죄와 사망, 부조리한 현실과 인간의 부정적인 행동 등 어둡고 무거운 내용의 설교가 전개될 수 있다. 그러나 결론에서는 기독교적인 희망의 메시지로 전환하여 마무리해야 한다. 결론에서는 비판보다는 격려를, 경고보다는 권고를 통해서 청중에게 용기와 의지를 북돋워야 한다. 설교자가 자신의 설교에 확신을 가지지 못하면 청중 역시 자신의 것으로 받아들이지 못한다. 설교자가 결론의 긍정적인 메시지로 신념을 가지고 말하면 청중은 도전의식으로 충만해서 세상으로 나설 것이다.

③ 개인적 적용이 가능하게 하라

설교는 청중의 삶의 변화를 목표로 그것을 요구하고 촉구한다. 그러므로 청중 각 개인에게 구체적인 적용이 가능하도록 설교자는 설교의 주제가 청중의 삶과 어떤 상관이 있느냐를 먼저 생각해야 한다. 그런 다음 성경의 진리를 생활에서 실현할 수 있는 실제적이고 구체적인 지침이 제공되어야 한다. 청중의 삶에 적용할 수 있도록 청중의 개별적 도전과 실천적 의지를 자극할 필요가 있다. 설교가 마치 청중 개개인을 위해서 마련된 자리로 생각할 만큼 개인적인 것으로 만들어라.

④ 절정(climax)을 만들고 이내 끝내라.

설교의 각 구성 요소는 절정을 위해서 준비되었다고 해도 과언이 아니다. 청중에게 각인되는 강렬한 메시지를 절정에서 남겨야 한다. 설교자가 절정에서 목소리 높여 주장하지만 그 주장하는 내용이 청중의 삶과 긴밀성이 없다면 공허할 울림이 될 뿐이다. 설교의 절정에 이르러서 마지막 2-3분을 가장 역동적인 시간으로 만들라. 이형기 시인의 詩 <洛花>에서 "가야할 때가 언제인가를/분명히 알고 가는 이의/뒷모습은 얼마나 아름다운가."고 노래하지 않은가. 절정 이후에 덧붙이는 내용은 군더더기일 뿐이다.

3) 결론의 유형

① 요약

결론에서 설교의 내용을 요약하여 말해 줌으로써 청중은 메시지의 내용을 잘 기억할 수 있다. 그래서 이 방법을 설교자들이 가장 많이 사용한다. 요약은 본론의 내용을 간결하게 다시 말하여 설교의 핵심을 부각시킨다. 요약인 만큼 단문으로 표현하는 것이 좋다. 설교의 핵심을 요약 반복하여 말함으로써 강조의 효과를 거둘 수 있다. 그 핵심 내용을 요약하여 결론으로 매듭지으면서 본론을 그대로 재탕하듯 해서는 안 된다. 또 설교의 주제를 강조하면서 동일어가 반복되지 않도록 해야 한다. 반복을 통한 요약은 자칫 단조롭고 지루할 수 있으므로 주제를 강조할 수 있는 다양한 표현 연구가 필요하다.

② 인용

결론을 설교의 목적이 잘 드러낼 수 있는 시구(詩句), 찬송가 가사, 유명인의 말을 인용하여 매듭지으면 메시지의 여운을 남기며 인상 깊게 기억되는 효과를 거둘 수 있다. 그런데 문학적 인용, 특히 시의 경우 주의가 요구된다. 시는 말이 아니라 글로 쓴 것이다. 의미가 함축된 시어를 보는 것이 아니라 듣게 될 때 청중의 이해가 더디게 이루어질 수 있다. 이런 점을 감안해서 가능한 이해가 쉬운 시를 선택하는 것이 좋다. 시를 인용해서 결론을 맺는 방법에 대해 설교가 라센(Larsen)은 다른 사람에게 결론을 말하게 하는 격이라며 그 방법을 권유하지 않는다.

인용한 내용이 어렵거나 청중과 연관성이 떨어진다면 청중은 불만스럽게 생각하고 외면하게 된다. 인용한 내용과 청중, 그 둘 사이의 긴밀한 연관성을 점검하라. 인용문으로 마무리하고자 한다면 그것이 설교의 주제에 적합한 지를 검토하고 선택해야 한다. 적합한 것이라면 가능한 간결하게 인용해야 한다.

결론을 인용문으로 할 경우 원고를 보지 말아야 한다. 힘주어 말해야 할 부분에 청중과 시선을 맞추지 않은 채 원고를 힐끔거리면서 낭독하게 되면 주장에 힘이 빠지게 되어 어색한 모양새가 된다. 결론을 말할 때는 강조할 내용을 기억해서 청중을 향하여 힘 있게 말하는 것이 좋다.

③ 질문과 권면

청중의 결단 촉구를 질문 형식으로 마무리할 수 있다. 그것은 단순한 물음이 아니라 도전의 형식을 가진 질문이어야 한다. 질문은 메시지에 대한 청중의 관심을 이끌어내면서 설교에 적극적으로 동참하게 한다. 설교자가 질문을 던지면 설교자와 청중 사이에 긴장감이 조성되고 질문을 연속적으로 하게 되면 청중의 결단을 촉구하는 긴박감을 주는 효과가 있다. 행동을 요구하는 결론에서는 권면과 호소 형식도 좋다.

4) 피해야 하는 것

① 새로운 내용을 부가하지 마라.

결론에서 새로운 내용을 내놓거나 덧붙이는 내용이 들어가서는 안 된다. 설교를 마무리하는 단계에서 새로운 내용이 첨가되면 설교의 목적과 방향을 상실하게 된다. 그것은 곧 청중의 의식을 분산시키는 결과를 초래한다. 결론이 설교의 본론을 이어 받아 밀접하게 연결되어야 설교 내용에 통일성을 가질 수 있다.

설교자는 '끝으로', '마지막으로', '결론적으로' 등과 같은 말을 덧붙이며 중언부언하지 마라. 설교가 끝나야 할 시점이 지났는데도 계속된다면 청중은 짜증이 날 것이다. 결론이 늘어지면 말씀의 권위가 없어진다. 결론은 명확하고 짧게 하는 것이 좋다.

② 결론을 예고하지 마라

설교자가 "이제까지 드린 말씀을 결론짓자면", 혹은 "이제 결론을 말씀 드리겠습니다" 등으로 결론을 예고하는 경우가 있다. 그것은 설교의 핵심사상을 결론적으로 말하니 잘 들으세요 라는 뜻이겠지만, 청중 편에서는 이제 말씀이 다 끝났구나 생각하고 시계를 보거나 교회를 나설 준비를 하게 한다. 그렇게 되면 중요한 결론을 놓치게 된다. 예고 없이 자연스럽게 마무리하는 것이 좋다.

③ 큰 목소리에 승부 걸지 마라

결론이 강력해야 한다는 것은 내용상의 강조를 의미하는 것이지 목소리를 높이는 것을 의미하지 않는다. 그럼에도 불구하고 설교자는 힘차게 말하는 것을 설교의 메시지를 강력하게 전달하는 것으로 오인하는 듯하다. 그래서 목소리가 고조되거나 흐느낌으로 격양된 감정을 노골적으로 드러내는 것으로 강조의 뜻을 내비치기도 한다. 결론의 메시지는 강한 고음으로만 효과가 드러나는 것이 아니라 차분하고 부

드러운 저음으로도 효과를 낼 수 있다.

④ 아멘을 강요하지 마라

설교자가 신도에게 아멘을 강요하는 것은 한국 교회에서 쉽게 볼 수 있다. "하나님의 말씀인 줄 믿습니까? 믿으면 아멘 하십시오." 하면서 아멘을 강요한다. 아멘 소리가 나오지 않으면 아멘을 재촉하면서 끝내 아멘 소리를 받아내고 만다. 그래서 설교 시간에 아멘 소리가 범람한다. 아멘이 자연스럽게 우러나와야지 강요에 의해서 표현되어서는 안 된다. 동의를 요구하는 내용이 성경의 진리가 아니라 설교자의 사적인 견해인 경우가 있는데 아멘을 통해서 설교자의 주장을 성서의 진리로 동일화하려고 한다. 설교 내용에 따라서 청중이 동의하지 않을 수 있으므로 청중에게 아멘 소리를 듣기 원한다면 자연스럽게 동의를 이끌어내라.

3. 인간의 죄목(罪目)보다 제목(題目)이 중요하다.
   - 제목 정하기

1) 제목의 역할

김정현의 <아버지>는 90년대에 판매부수를 올렸던 베스트셀러였다. 작품의 완성도를 떠나서 <아버지>는 출판사에서 꼽고 있는 베스트셀러의 3T 조건을 충족시켰다. 3T란 제목(title), 시간(time), 대상(target)이다. 한국 경제가 위기에 처하며 IMF 때 위축된 아버지의 위상을 높이며 '아버지 살리기' 분위기가 전국적으로 조성되었다. 그때 <아버지>는 제목과 시간 그리고 대상이라는 3T 조건을 충족시키기에 시기적으로 절묘했다. 베스트셀러에 3T가 있다면 설교에도 3T가 있다. 그것을 제시한 사람은 미국의 설교학 교수인 빌 휘태커(Bill D. Whittaker)이다. 그는 서론이 명제(Thesis), 본문(Text), 제목(Title)을 포함하여 주제를 암시하며 설교의 방향을 보여주므로 이 3T를 기억하면 도움이 될 것이라 말했다.

청중은 오늘의 성경 말씀이 무엇일까 하는 호기심으로 주보를 펼치게 된다. 그때 성경의 본문을 찾기 전에 제목에 시선을 먼저 두게 된다. 이는 제목이 설교에 대한 관심의 지표임을 말하는 것이다. 그래서 설교집을 볼 때 처음부터 순차적으로 읽기도 하지만, 설교집의 목차에서 매력적인 제목을 선택하여 읽는 것도 그런 이유에서이다. 설교가 감동적이었다면 청중은 그것을 설교 제목으로 기억하기도 한다. "설교의 매력은 주로 제목의 선택에 따라 좌우될 때가 많다"는 설교가 오조라 데이비스(Ozara Davis)의 말처럼 좋은 설교 제목은 청중에게 청취의욕과 기대감을 증폭시킨다. 설교 준비에 심혈을 기울였으나 제목을 정하는 데 소홀히 했다면 그것은 마치 소중한 물건을 까만 비닐 봉지에 담아 선물하는 것처럼 무성의해 보인다. 설교학 교수 킬링거(J. Killinger)는 좋은 제목이 설교자에게 메시지의 내용을 요약하는 데 도움을 주며, 청중에게는 설교에 대한 기대감을 갖게 하고 예배 후에도 설교의 내용을 기억할 수 있게 만들어준다고 말한다.

교내 <설교대회>가 있었다. 신학과 학생이 마태복음 25장 14-30절을 본문으로 설교를 했다. 한 달란트를 받은 종이 강퍅한 주인을 무서워하여 땅에 한 달란트를 묻어 보관했다가 주인이 돌아왔을 때에 그것을 되돌려 주었지만 쫓겨났다. 이에 불만을 품은 종의 태도에 대한 것이 설교 내용이었다. 설교는 훌륭했다. 그러나 그 학생은 수상하지 못하였다. 설교 제목이 <이게 뭐니?>였다. 신학과 원로교수는 심사평에서 설교 내용에 비해 제목이 적절하지 못했음을 지적했다. 제목이 가벼웠으며 주제를 반영하지 못하였다는 것이다. 그러면 설교 제목을 어떻게 정할 것인가?

2) 설교 제목 정하기의 원리

① 관심과 흥미를 유발하라

광고 문안은 소비자의 관심을 끌 수 있도록 매력적이고 산뜻하게 만들어진다. 그래서 소비자의 상품 구매를 촉진시킨다. 설교 제목은 광고 문안의 기능을 하므로 청중의 호기심을 유발하고 관심을 끌 수 있는 제목을 세워야 한다. 설교의 청취 욕구를 자극할 수 있도록 제목을 세우라. 그러나 지나치게 감각적인 제목으로 설교의 품격을 떨어뜨려서는 안 된다. 청중의 관심과 흥미를 유발하는 제목이면서 그것이 성경 본문과의 연관성이 있는가를 확인해야 한다.

② 간결하게 하라.

설교 제목은 주제를 내포하면서 간결해야 한다. 제목의 핵심 어휘는 3-4개 정도여야 하고 그 이상의 어휘를 배열하면 산만한 느낌을 준다. 가령 사무엘하 6장 1-15절의 본문을 '하나님의 기쁨을 좇아 사는 삶'이라고 설교 제목으로 한다면 '하나님', '기쁨', '삶' 등 세 개의 핵심 어휘가 주제를 내포하고 있다. 또 마가복음 12장 13-17절의 본문을 '하나님의 것, 가이사의 것'이라고 제목으로 한다면 의미적 배치를 통해 설교 내용의 함의가 쉽게 전달된다. 문장으로 한다면 단문으로 하는 것이 좋다. 본문의 구절이 주제를 반영하면서 적합한 구호적 성격을 띤 것이라면 본문 그대로를 인용해도 된다. 누가복음 21장 2-36절의 본문으로 설교하고자 한다면 본문을 그대로 옮겨 '항상 기도하며 깨어 있어라'를 설교 제목으로 하여도 좋다. 명령문을 설교 제목으로 할 경우, '그리스도 안에서 거듭나라!'고 한다면 '거듭나라'라는 명령형 동사 사용으로 촉구하는 힘을 얻을 수 있다.

③ 범위를 한정하라

'사랑', 혹은 '구원'과 같은 제목은 범위가 넓고 추상적이다. 가령 제목을 '하나님과 사랑'이라고 하면 범위가 넓고 설교 방향을 가늠할 수 없다. 그 제목으로 30분간 설교를 한다는 것도 무리이다. 제목을 성령, 구원 등 한 개의 어휘로만 하여 몇 주간을 연이어 계속하는 경우가 있는데 무성의해 보인다. 제목은 설교의 내용을 함축하면서 설교의 방향을 제시해 줄 수 있어야 한다. 청중이 설교에 관심을 가질 수 있도록 제목 정하기에서부터 정성을 들여라.

④ 주제를 반영하라

설교 제목은 서론의 역할을 한다. 참신한 제목으로 청중의 관심을 집중시켰다고 하더라도 그것이 설교 주제와 무관하다면 의미가 없다. 설교의 제목은 본문과 설교 내용에 적합하고 설교 주제를 암시해야 한다. 주제를 암시하거나 반영하지 못하면 좋은 제목이라고 할 수 없다.

3) 주의해야 할 사항

① 부정문을 피하라

설교 제목은 문장이나 혹 구(句)로 표현된다. 문장의 경우 부정문으로 표현하기보다는 긍정문 형식으로 하는 것이 좋다. 긍정문이 열린 사고를 유도한다면 부정문은 금기나 억압을 환기하기 때문이다. 제목을 다양한 형식으로 시도해 볼 것을 권한다. 평이한 서술문보다 의문문이나 감탄문의 제목이 더 효과적일 수 있다. 의문문을 제목으로 할 경우에는 대답하기가 어려운 질문을 삼가고 또 대답이 빤한 질문은 피해야 한다.

② 종교적 이미지를 표출하라

빌립보서 4장 13절의 "내게 능력 주시는 자 안에서 내가 모든 것을 할 수 있느니라"는 본문을 설교하면서 그 제목을 '성공을 위한 자기계발'이라고 한다면 그것은 설교 제목이라기보다는 자기관리 프로젝트를 위한 강연 제목과 같은 인상을 준다. 설교의 제목은 종교적 이미지를 표출하는 것이 좋다.

③ 추상적인 표현과 상투성을 벗어나라

고린도전서 13장 1-3절의 본문을 "사랑이란?" 설교 제목으로 하면 막연하고 추상적이다. 관념을 정의하는 설교 제목은 좋지 않다. 너무 무겁거나 철학적인 표현으로 설교 전부터 청중을 질리게 해서는 안 된다. 상투적이고 진부한 제목에서도 벗어나라. 가령 '돌아온 탕자'라는 제목은 얼마나 숱하게 보아왔는가? 식상한 제목에서 교인들은 새로운 기대를 하지 않게 된다. 성서 연구를 통해 새로운 해석을 가하면서 진부한 제목을 탈피하여 새로운 변형을 시도해 보라.

④ 경박한 것은 피하라

설교는 하나님 말씀을 선포하는 것이다. 따라서 청중의 관심을 끌겠다는 욕심으로 선정적인 제목을 내세워서는 안 된다. 어느 목회자는 사도행전 27장 9-44절 본문으로 설교하면서 제목을 '난파선의 주인공'이라고 했다가 만화제목 같다는 지적을 받았다며 설교가 영화도, 만화도 아니므로 그 제목이 경박하지 않아야 함을 강조했다. 경박한 제목으로 성단(聖壇)의 품위를 손상해서는 안 된다.

4. 설교의 창문
- 예화

1) 예화 사용의 목적

예수님의 말씀을 듣기 위해 다양한 계층의 사람이 모여 들었다. 예수님은 듣는 사람에 맞게 "많은 비유로 저희가 알아들을 수 있는 대로 말씀을 가르치시되 비유가 아니면 말씀하시지 아니하셨다(마가 4: 33-34)." 복음 전도자 맥퍼슨(I. Macpherson)은 "주님의 가르침 가운데 75% 가량은 그 형식에서 회화적이었다"고 말한다. 예수님은 비유를 통한 회화적인 말씀으로 설교의 가치를 높였던 것이다. 그러면 예수님처럼 비유를 사용하면 성경의 진리를 효과적으로 전달할 수 있을까? 설교는 눈에 보이는 듯 선명하게 그릴 수 있도록 전해야 하는데 그것을 가능하게 하는 것이 예화이다. 영국 신학자 존 스토트(J. Stott)는 예화의 목적이 상상력을 자극하여 사물들을 명확하게 볼 수 있게 의도되었다며 다음과 같이 말하였다. "예화는 추상적인 것은 구체적인 것으로, 고대의 것은 현대의 것으로, 친숙하지 않은 것은 친숙한 것으로, 일반적인 것은 특별한 것으로, 애매한 것은 분명한 것으로, 비현실적인 것은 현실적인 것으로, 비가시적인 것은 가시적인 것으로 전환시킨다."

청중은 설교 시간 내내 지속적으로 집중하기가 어렵다. 그러나 여기에 예화를 사용하면 설교의 흥미를 더해 주어 설교에 집중할 수 있게 하면서 청중의 이해를 도울 수 있다. 그래서 청중은 본문 설명보다 예화를 더 기억하기도 한다. 영국의 설교가 스펄젼(C. H. Spurgeon)

목사는 예화를 집의 창문에 비유하여 "창문이 없는 집은 집이라기보다는 감옥이다. 그 어두운 집을 아무도 빌리려 하지 않을 것이다. 마찬가지로 예화가 없는 이야기는 진부하고 지루해서 듣는 사람의 몸만 괴롭힌다."며 예화 사용을 적극 권장하였다.

예화는 설교의 주제를 부각시켜주는 보조적 자료인데 그것이 설교의 주된 구성 요소가 되는 경우가 있다. 그 경우 성경의 진리로 유도하기보다는 설교가의 재담으로 이끌어갈 성산이 높다. 성서의 진리를 누락한 채 재미있는 예화로 구성된 설교는 듣는 즉석에서 재미를 느꼈다하더라도 시간이 지나면 속 빈 설교에 허탈해 할 것이다. 또 예화가 자극적이거나 혹은 진부하기 짝이 없는 경우가 있는데 예화 선별에 세심한 주의가 필요하며 설교의 주제와 관련된 예화가 아니라면 배제해야 한다. 신문과 TV, 잡지, 설교자의 개인적 경험 등 예화 자료가 흔하나 의식하지 못해서 흘러 보냈을 뿐이다. 감각의 촉수를 세우고 주변을 주의 깊게 관찰하면 좋은 예화를 발견할 수 있다. 청중에게 맞는 적절한 예화를 사용하면 설교의 메시지가 쉽게 흡수될 것이다.

2) 효과적인 예화 사용

① 단순한 예화를 사용해라

감동적인 예화는 청중의 심금을 울리며 그들의 반응을 쉽게 이끌어 낼 수 있다. 단순하고 강인한 인상을 주는 예화라면 청중은 그것을 오래 기억할 것이다. 그러나 예화는 설교의 목적이 아니고 하나님의 말씀을 쉽게 이해시키기 위한 보조 자료이다. 그것은 성경의 내용을 뒷받침하며 설교의 핵심을 강조하기 위해 사용되는 보조적 자료일 뿐이라는 것을 유념해야 한다. 예화에 대해 긴 설명을 하는 경우가 있다. 그것은 설교를 위한 예화가 아니라 예화를 위한 설교가 되어 주객이 전도되는 격이다. 예화를 사용하는 목적이 설교의 주제를 이해시키기 위한 것인데 예화에 다른 설명을 덧붙여서는 안 된다. 예화에 대한 설명 없이 예화만 말할 수 있어야 한다. 따라서 단순한 예화를 사용해야 한다. 단순한 예화가 설교의 핵심을 명료하게 해 준다.

② 설교의 주제와 일치시켜라

설교의 진중한 메시지를 가볍게 복용할 수 있도록 하는 당의(糖衣)가 예화이다. 그 예화가 설교의 주제와 일치해야 한다. 설교의 메시지에 연관되지 않은 예화가 제시되면 청중은 혼란스러울 것이다. 청중의 흥미를 의식한 나머지 설교의 주제를 벗어난 예화가 제시되는 일이 없도록 경계해야 한다. 설교의 주제와 연관된 예화라야 설교의 주제가 강조되는 효과가 있다. 그 예화를 청중은 오래 기억할 것이다.

③ 우리 예화를 사용하라

우리나라 청소년 도서권장 목록을 보면 대개가 서양의 고전 일색이다. 오히려 우리나라의 고전을 등한시하는 경향이 있다. 설교에서도 서양 예화를 대개 사용한다. 그것은 설교자가 외국 유학의 경험에서 비롯된 것일 수도 있다. 그러나 설교를 듣는 사람이 우리나라 사람이라는 것을 고려해야 한다. 자기 나라의 문화와 정서에 맞는 예화가 더 호소력이 있지 않겠는가. 오늘의 설교를 상기해 보라. 십중팔구 서양의 예화였을 것이다. 이제 우리 예화를 사용해 보라. 청중에게 호소력 있게 전달될 것이다.

④ 일상에 숨어 있는 예화를 찾아라

예화 자료는 책, 신문과 잡지, TV, 인터넷 등 다양하게 찾을 수 있다. 그리고 주변을 주의 깊게 살펴보면 예화 자료가 가득 차있다. 단지 무신경하게 흘러 버렸을 것이다. 일상에 숨어 있는 예화를 찾아라. 생활의 결을 잘 더듬으면 생동감 있는 예화를 찾을 수 있다.

4) 예화 사용할 때 주의할 점.
① 예화를 남용하지 마라

설교와 예화를 각각 집과 창문에 비유된다. 방에 창문이 없으면 너무 어둡고, 또 너무 많은 창문이 있으면 불안감을 초래한다. 방에 따라 적절한 창문의 안배가 필요하듯이 설교의 주제에 맞는 예화가 필요하다. 그런데 동일한 의미를 가진 예화를 빈번하게 제시하는 경우가 있다. 그런 경우 예화에 휩쓸려 성경 본문에 대한 진리를 기억하지 못하게 되므로 예화 사용을 절제해야 한다. 과도한 예화 사용으로 하나님의 말씀이 가려지거나 밀려나게 해서는 안 된다.

② 자극적인 예화를 내놓지 마라

예화가 청중에게 각인되는 것은 감동적인 요소가 있기 때문이겠지만 더러는 자극적인 요소가 원인이 되는 경우가 있다. 자극적이고 충격적인 예화는 스스로 빛을 발하여 설교의 주제에 대한 관심을 앗아갈 여지가 충분하다. 그런 예화일수록 설교의 주제와 무관할 확률이 높으므로 이를 경계해야 한다. 그러므로 자극적이고 선정적인 예화를 피하고 설교의 주제에 집중할 수 있는 그에 적합한 예화 선택을 해야 한다.

③ 사생활을 노출하지 마라

설교자의 개인적 경험이 예화로 제시되면 설교에 사실감이 더해진다. 그러나 자칫 개인의 우월함을 드러내는 것이거나, 혹은 일상의 잡다한 이야기로 전락하기 쉽다. 경험담이 솔깃한 내용이더라도 설교의 주제와 관련성이 적다면 채택하지 않는 편이 낫다. 또 개인의 경험을 말하면서 이와 관련하여 교인의 특정한 사람을 거론하는 경우가 있다. 그런 경우 의도하든 의도하지 않았든 그 특정인을 비판할 우려가 있다. 그 특정인을 교인이 추정할 수 있게 해서도 안 된다. 가능한 교인의 사생활이 보장되어야 하므로 그런 예화를 사용하지 않는 것이 좋다.

5) 예화의 실례

다음은 시편 25장 1-7절을 본문으로 한 설교문의 일부분이다. 지면상 전문을 실어서 없어서 일부를 인용하였다. 설교자는 우리가 지금 무엇을 기다리고 있는가를 물으며 그 기다리는 대상에 대한 신뢰의 근거를 설명하면서 그것이 기독교인으로서 '마땅히 가야할 길'이라고 말하고 있다. 여기에 제시된 여러 예화들이 유효적절한지 설교의 흐름을 따라 살펴보라.

> 매주 금요일이면 부둣가에 나가 우편선이 도착하기를 기다리는 사람이 있었습니다. 그는 76세의 퇴역 군인인 '대령'입니다. 극심한 가난에 시달리고 있는 그가 기다리고 있는 것은 제대군인 연금수표입니다. 제대할 때 정부로부터 보상금 지급을 약속받았지만 무려 15년 세월이 지난 지금까지 그는 아무런 보상도 받지 못했습니다. 노부부는 먹고 살기 위해 세간까지 다 팔아버렸고 그들에게 남아있는 것이라곤 수탉 한 마리뿐입니다. 그 수탉도 언제 팔려갈지 모르는 신세입니다. 어느 날 대령은 우체국에 가서 우체국장에게 자기한테 온 편지가 있는지를 묻습니다. 오늘은 틀림없이 편지가 오기로 되어 있다면서. 하지만 우체국장에게 "틀림없이 오기로 되어 있는 것은 죽음뿐"이라는 대답을 듣습니다. 당장 살아갈 길이 막막해 잠을 이루지 못하고 뒤척거리는 아내를 보고 대령은 말합니다. "오래지 않아 연금이 나올 거요." "당신은 똑같은 얘기를 십오 년째 계속하고 있어요." 아내의 퇴박에 그는 우물거리듯 말합니다. "그러기 때문에 이젠 정말 곧 나오게 될 거요."
>
> 이 우울한 이야기는 1982년에 노벨 문학상을 받은 콜럼비아 출신의 작가 가브리엘 가르시아 마르께스의 『아무도 대령에게 편지하지 않다』라는 책의 한 대목을 요약해 보았습니다. 25년 전에 이 책을 읽으면서 나는 절망과 희망을 함께 보았습니다. 25년 전 이 책을 읽었습니다. 25년 전 1981년의 상황 속에서 우리는 민주화된 사회가 도래하기를 꿈꾸었습니다. 특별히 80년대 초반에 20대를 보내고 있었던 사람들은 누구나 강박관념에 시달리듯 뭔가 새로운 시대가 열리기를 희망하고 있었습니다. 그러나 제5공화국이 들어서면서 민주주의의 꿈은 신기루처럼 흩어져버렸습니다. 암담했습니다. 그래서일까요? 부둣가에서 우편선을 기다리고 있는 대령의 그 꾸부정한 모습에 나의 모습이 겹쳐지곤 했습니다. 하지만 끝까지 희망을 버리지 않는 그의 모습에서 저는 희망의 뿌리가 무엇인가를 보았습니다.
>
> 삶은 어쩌면 기다림인지도 모르겠습니다. 마르께스의 책을 읽은 후에 가슴이 울울해질 때마다 목이 터져라 부르던 노래가 있습니다. "사노라면 언젠

가는 밝은 날도 오겠지/흐린 날도 날이 새면 해가 뜨지 않더냐/새파랗게 젊다는 게 한 밑천인데/쩨쩨하게 굴지 말고 가슴을 쫙 펴라/내일은 해가 뜬다/내일은 해가 뜬다". 이것은 80년대 초반을 살아냈던 우리 젊은이들의 노래였습니다. 기다림은 희망입니다. 그리워하며 간절히 기다리는 대상이 있는 사람은 행복합니다. 여러분은 무엇을 기다리며 살고 계십니까? 성도는 다시 오실 주님을 기다리는 사람들입니다. 아니 오실 줄로 믿고 기다리는 것이 아니라, 분명히 다시 오실 줄로 믿고 기다리는 것이 성도의 삶입니다. 그런데 여러분, 정말로 주님이 여러분의 마음속에, 또한 우리의 삶 속에, 우리의 척박한 역사 속에 오시기를 정말로 기다리고 계십니까? 그런 소망이 여러분에게 있습니까?

여기 하나님으로부터 한 소식 듣기를 원하여 몸과 마음을 기울여 하나님 앞에 기도를 바치고 있는 한 사람이 있습니다. 그의 기도는 이렇게 시작됩니다. "여호와여 나의 영혼이 주를 우러러 보나이다." 이 구절을 직역하면 "여호와여, 내 영혼을 주님께 들어 올립니다"가 됩니다. 이 기도를 하고 있는 시인은 하나님께 기도하되 틀림없이 하늘을 향해 두 팔을 들어 올리고 있었을 것입니다. 그는 이리 부딪히고 저리 부딪쳐 멍들고 깨지고 더러워진 자기 영혼, 스스로는 어떻게 해볼 도리가 없는 부끄러운 자기 마음을 하나님께 숨김없이 내놓고 있습니다. 진실한 기도는 이런 것입니다. 매끄러운 말이나 표현이 기도가 아니라 하나님을 향해 자기를 완전히 개방하는 것, 있는 그대로의 나의 모습으로 하나님 앞에 나를 노출하는 것, 그래서 하나님의 긍휼하심을 기다리는 것, 하나님 치유해 주시는 능력 앞에 자기를 내놓는 것, 이게 바로 진실한 기도인 것입니다.

우리가 진실한 기도를 하나님께 바치는 시간은 세상사에 시달리며 찢기고 상한 우리 영혼을 하나님이 치유하시도록 허용하는 기다림의 시간인 것입니다. 어느 날 느부갓네살 임금이 전능하신 하나님께 찬양을 드리려고 하자 천사가 다가와 그의 머리를 때렸습니다. 임금이 하나님께 찬양하려고 하는데 왜 이러냐고 항의를 하자 천사는 "네가 왕관을 쓴 채 하나님을 찬양하겠단 말이냐? 어디 네가 머리를 맞고도 하나님을 찬양하는지 한번 보자" 천사가 그렇게 말했습니다. 유대인의 민담에 나오는 이야기입니다. 여러분 내가 나를 높이려고 하는 마음이 있을 때 주님께 찬양 할 수 없습니다. 내가 나를 근사하게 치장하고자 하는 마음이 있을 때 주님께 기도할 수 없습니다. 주님이 원하시는 제사는 상한 영혼의 제사입니다.

그래서 오늘 하나님 앞에 자기를 들어 올리고 있는 시인은 자기가 지은 모든 죄로 인하여 아파하고 있습니다. 7절에 그는 기도합니다. "여호와여 내 소시의 죄와 허물을 기억하지 말아주십시오." 그는 젊은 날, 무분별한 정열에 이끌려 행했던 그 부끄러웠던 일들, 이 자리에 있는 우리라도 경험했었을 밖에 없는 그 부끄러웠던 일들을 하나님 앞에서 아파하고 슬퍼하며 그 일들을 기억하지 말아 달라고 주님 앞에 기도합니다. 여러분 사람은 누구나 다 행복을 원합니다. 그러나 정말로 행복한 것은 하나님과의 관계가 회복되지 않고는 행복할 수 없습니다. 존 웨슬리 목사님이 말씀했던 것처럼 성결한 삶이 곧 행복입니다. 하나님 앞에서 나의 영혼이 새로워지고 나의 죄가 용서받았음을 확신하고 정결한 삶을 향해 나아가는 것이 진정한 의미의 행복인 것이죠? 여러분 하나님이 만일 냉정한 심판관이 되어 우리 죄를 살피신다면 어느 누가 무죄라 할 수 있겠습니까? 시인은 하나님의 자비하심에 호소합니다. "주의 인자하심(mercy)을 따라 나를 기억하시되 주의 선하심(loving-kindness)을 인하여 하옵소서". 나의 죄를 기억하지 마옵소서. 그렇지만 하나님 나를 기억해 주십시오. 다만 당신의 자비와 선하심으로 기억하옵소서. 시인은 분명히 알고 있는 게 있습니다. 하나님을 거억하는 우리의 성정보다 우리를 사랑하는 하나님의 사랑이 더욱 근원적이라는 사실을 확신하고 있습니다. 그는 부끄러움을 무릎쓰고 하나님의 자비를 기다리고 있는 것입니다. 이것이 우리의 희망입니다. 내가 저지른 죄를 있는 그대로 보시는 것이 아니라 긍휼로 감싸안아주는 사랑이 있기에 지금 우리는 여기에 있습니다. 초등학교 2학년 학생이 쓴 동시에 노래를 부친 것이 있는데 〈화산 폭발〉의 가사를 들어보십시오.

1절. 엄마 화산이 폭발했다 화산 폭발을 하셨다
    언니는 성적이 엉망진창 나는 방안이 뒤죽박죽

> 　　　　언니랑 나는 기가 죽어 조용조용히 밥을 먹었다
> 2절. 업그레이드 마녀 일급이 된 것 같았다
> 　　　　소리를 꽥 하고 지르시면 귀에 진동이 갔다
> 　　　　슬금슬금 눈치 보며 탈출하고 싶었지만 배가 고파서 그러지 못했다
> 3절. 엄마가 일기를 보시더니 맞고 지울래 그냥 지울래
> 　　　　그래도 지우기 아까워 이렇게 적고 있다 마녀 할멈 우리 엄마
> 　　　　심기불편하시면 또 폭발할지 모르니 조심조심
>
> 　그 광경이 절로 그려지지 않습니까? 모녀 사이의 긴장이 해학과 어울려 절묘하게 표현되어 있습니다. 엄마의 화산 폭발이 무서워 할금할금 엄마 눈치를 살피는 아이, 그래도 먹어야 사니까 탈출하고 싶은 마음을 달래가며 조심조심 밥을 먹고 있는 아이의 모습을 그려보십시오. 너무나 사랑스럽습니다. 긴장된 분위기가 해학의 옷을 입을 수 있는 것은 아이와 엄마 사이의 있는 사랑과 신뢰 때문입니다. 오늘의 시인도 하나님에 대한 절대적인 신뢰가 있기에 하나님의 어지심과 선하심에 자기를 맡기고 있는 것입니다.
> 　- (이하 생략)
>
> 　- 김기석 목사, 〈마땅히 가야할 길〉, 청파교회, www.chungpa.or.kr.
> 　　　　　　　　　　　　　　　　　　　　　　　　　　2006. 12. 3.

5. 엘리야, 개요 짜고 예언했다.

- 개요 짜기

1) 개요 짜기의 필요성

광고가 30초의 예술이라면 설교는 30분의 예술이라 할 수 있다. 광

고는 사람들의 관심을 집중시켜 광고 메시지를 주입하여 소비를 촉진시킨다. 그것은 30초의 짧은 시간에 긴장감 있는 구성이 가진 광고의 효과이다. 설교가 청중에게 깊은 울림을 주어 삶의 변화를 유도했다면 그것이야말로 예술이라고 할 수 있지 않는가. 그러나 예술의 경지에 닿지 못하는 설교가 얼마나 많은가!

19세기 미국의 설교가 필립스 브룩스(Philips Brooks)가 설교는 예술이 아니라 설득이라고 주장하면서 설교의 역사에서 설교를 예술작품으로 취급하려는 경향이 있어 왔음을 지적했다. 그래서 설교의 목적을 상실한 채 수사학적(修辭學的) 설교로 꾸미려는 것을 지양하라고 한다. 설교가 말로 전달하는 만큼 수사(修辭)가 동원될 수 있다. 장식적인 문체에 경도된 설교는 청중의 심중을 파고들지 못하고 겉돌게 된다.

설교는 보는 것이 아니라 듣는 것이므로 글과 말이 다르다는 사실을 유념해야 한다. 그래서 설교 준비를 한 원고를 반드시 소리 내어 읽어볼 필요가 있다. 수사(修辭)와 설득으로 조화를 이룬 설교는 감화력이 있을 것이다. 이를 위해 더욱 정밀한 설교 준비가 필요하다.

어떤 목회자는 설교 준비를 할 필요가 없고 성령이 인도하는 대로 하면 된다고 한다. 이런 발언은 잘못된 것이다. 많은 사람을 대상으로 하나님의 말씀을 전하면서 설교 준비 없이 청중 앞에 나서는 것은 무책임한 태도이다. 청중을 대할 때는 철저한 설교 준비로 나가는 것이 설교자의 의무이며 도리이다. 많은 설교자들이 설교를 잘해야 한다는 강박관념에 사로잡히게 되는데 설교 준비를 철저히 하면 심적인 부담감과 두려움이 사라질 것이다.

건물을 세울 때 먼저 설계도를 작성하여 그에 따라 골격을 세우고

건물을 짓게 된다. 그래서 설교학에서는 설교의 구성을 건축의 설계도에 비유한다. 설교가 두서없이 진행되거나 그 내용이 엉뚱한 방향으로 빠졌다면 설교의 구조를 잘 세우지 못한 데에 원인이 있다. 설교의 개요 작성은 설교의 메시지를 분명하게 전달하기 위해 형식을 갖추어 다듬는 작업이다. 따라서 설교 개요 작성은 설교의 각 부분을 한눈에 볼 수 있어 설교의 방향과 논리 전개, 내용의 균형 유지 등을 확인할 수 있다. 그것을 통해서 내용이 논리정연하게 전개되어 있는가, 주제가 명확한가, 설교의 각 부분이 중심사상과 연결되는가, 중심 사상을 뒷받침하는 예화가 적절하게 배치되었는가, 그리고 각 요소들이 균형을 이루는가를 확인할 수 있다. 설교 개요 작성은 메시지의 전달 효과를 높이기 위해 필요하므로 이에 대해 살펴보자.

2) 개요 구성

영국의 마틴 로이드 죤즈(Martyn Lloyd Jones) 목사는, 설교는 강의가 아니므로 주제에서 출발할 것이 아니라 언제나 강해로 작성해야 한다고 강조했다. 그에 의하면 설교문의 주제나 교리는 본문과 본문의 문맥에서 나오며 본문과 그 문맥으로 예증된다는 것이다. 그러므로 설교문은 성경에서 출발하여 본문을 다루어야 한다. 성경의 진리를 설명한다는 의미에서 모든 설교는 강해라고 할 수 있다. 그런데 엄격한 의미의 강해설교는 그에 따르는 조건이 필요하다. 미국의 로버트 레이번(Robert G Rayburn) 교수가 그 조건을 제시하고 있다. 성경을 해석할 때 설교의 대지와 소지를 본문에서 이끌어 내야하며, 그 요점들이 저자의 사상뿐만 아니라 본문을 모두 포함하고 있어야 하며, 그것을 청중이 자신의 삶에 적용할 수 있어야 한다는 것이다. 다시 말하면 강해설교는 설교의 주제, 그리고 대지와 소지, 모두 본문에서 이끌어내야 한다. 그러므로 본문 연구에 충실해야 하는 것이다. 강해설교를 통해서 성경 해설이라는 설교자의 주요 의무를 수행하면서 설교자 개인의 설교학적 취향과 편향성에서도 벗어날 수 있다. 강해설교의 장점에도 불구하고 설교자들이 주제설교나 제목설교로 이끌어가는 경향이 있다. 그것은 설교 준비가 체계적이지 못한 데에 원인이 있을 것이며 또 청중이 설교를 얼마나 경청할 수 있을지를 설교자가 확신할 수 없는 데에도 원인이 있을 것이다.

설교는 단순히 성경의 본문을 설명하는 그 너머의 일을 포함하는 것으로서 본문에 함축된 뜻을 설명하는 일이다. 이로써 청중은 성서의 진리를 이해하고 그것을 삶에서 적용할 수 있게 된다. 설교의 메시지를 효과적으로 전달하기 위해 개요의 구성과 원리에 대해 살펴보도록 하자.

① 논지를 작성하라

개요 작성에서 먼저 해야 할 것이 논지 작성이다. 성경 본문의 진리와 그에 근거한 적용이 결합된 것이 논지이다. 논지를 작성하려면 설교의 초점부터 정해야 청중에게 설교의 방향을 제시할 수 있다. 또 논지의 범위를 넓게 제시하여 대지가 그 논지 안에 포함되어야 하고 성경적 진리에 근거하여 청중이 해야 할 일을 권고의 형식으로 나타내야 한다. 개요 작성을 할 때 형식적인 틀에 매이기보다는 성경의 진리를 제시하면서 적용을 위한 토대를 마련해 주어야 한다는 점이 중요하다.

② 대지를 확정하라

㉠ *본문에서 대지를 구성하라*

본문에서 요점을 찾아 대지(大旨)를 구성해야 한다. 대지를 나누어 구성하는 것은 청중이 성경의 진리를 쉽게 받아들이게 하려는 데 목적이 있다. 대지는 본문에서 나와 본문과 대지가 연관성이 있어야 한다. 또 대지는 논지를 뒷받침해야 한다. 설교는 일반적으로 서론과 3대지, 그리고 결론으로 구성된다. 그렇다고 형식에 대한 강박관념으로 억지로 삼대지로 나눌 필요는 없다.

㉡ *대지는 하나의 중심사상을 담아야 한다.*

본문을 이해하고 분석하여 내용별로 대지를 나누어야 한다. 그 대지는 완전한 문장으로 진술해야 한다. 그리고 각 대지는 하나의 사상만을 담아야 한다. 각각의 대지는 서로 대응하면서 조화를 이루어야 하며, 각 대지는 다음 대지를 이끌어 내면서 점진적 과정을 나타내야 한다.

㉢ *대지는 간결하게 하고 소지로 확대해야 한다.*

대지는 완전한 문장으로 표현하되 간결해야 된다. 대지에서 이끌어 낸 소지는 대지를 증명하고 확대하면서 대지의 사상을 조직적으로 전개해야 한다. 그래야 대지의 논리 전개를 뒷받침할 수 있다.

3) 개요 작성의 원칙

① 통일성

설교는 서너 개의 대지(大旨)로 구성된다. 그러나 대지를 억지로 나누거나 가짓수를 늘릴 필요가 없다. 대지는 본문과 연관성을 가져야 하며 하나의 중심사상에 집중되어 상호간 유기적 관계를 가져야 한다. 따라서 대지는 통일성이 있어야 한다. 그런데 설교자는 본문에 연관되는 이야기 모두를 끌어와 청중에게 말하고 싶은 유혹을 느끼게 된다. 그렇지만 그 유혹을 떨쳐야 메시지가 명확하게 전달된다. 통일성을 벗어난 곁가지에 집착을 버려라. 청중은 무질서한 내용을 머리에 넣어두려 하지 않는다.

② 균형성

각 대지와 그것을 뒷받침하는 내용이 비슷한 비율로 구성해야 한다. 각각의 대지를 균등하게 다룰 수 없다하더라도 어느 한 대지를 집중적으로 부각하면 상대적으로 다른 대지가 소홀해지게 되므로 균형적으로 안배해야 한다. 정해진 시간에 설교를 잘 마무리하려면 적절한 균형이 필요하다.

③ 점진성

설교 내용에 점진적 배열이 필요하다. 각 대지가 주제와 긴밀성을 가지고 정점(頂點)을 향해 나아가고 있는지를 확인해야 한다. 그래서 한 대지에서 다른 대지로 넘어갈 때 설교의 내용이 심화되고 발전되어야 한다. 이를 통해 청중은 설교의 결론에 자연스럽게 도달할 수 있게 된다. 설교의 주제가 강력하게 전달되는 절정에서 설교를 마무리해야 한다.

제4부

예수님도 그냥 말하지 않았다
- 수사학, 문체론편[1]

---

[1] 제4부는 H.F.Plett, 양태종 옮김, 『수사학과 텍스트분석』(동인, 2002)을 참고함.

예수님이 사람들을 모아 놓고 하는 얘기들은 소위 말해 뜬 구름 잡는 것처럼 보인다. 그냥 들으면 저게 무슨 말인가 싶다. 예를 들어 "가난한 자에게 복이 있나니" 라는 말씀을 살펴보자. 통상 우리는 복이 없어 가난하다는 말을 한다. 그런 측면에서는 이해할 수 없는 말이다. 우리가 예수님을 만나기 위해서는 그의 말을 잘 알아들어야 한다. 예수님은 생각나는 대로, 입에서 나오는 대로 하지 않고 고난도의 비유와 문학적 표현을 사용하였다. 우선 가난한 자가 받는 '복'에 대해 생각해보자. 그것을 세상의 지복인 '돈'으로 여긴다면 예수님을 한낱 천박한 자본가로 보는 것 밖에 되지 않는다. 그 '복'은 하늘나라에 드는 특권을 말하는 것이다. 예수님은 부자들에게 하늘나라에 드는 복을 주지 않을 것이라는 선언이기도 하다. 생각해보자. 부자의 마음속에 아쉬운 것이 무엇인가? 거기에 예수님이 끼어들 자리가 있겠는가? 이 엄청난 역설을 통해 우리는 비로소 우리가 세상에서 추구하고 있는 부가 예수님과 만나는 걸림돌임을 깨닫게 된다. 특히 무엇이 가난해야 하는가? 바로 '마음'이다. 예수님은 이 모든 것을 비유로 표현하신 것이다. '마음이 가난한 사람은 복이 있나니 하늘나라가 저들의 것'이라고. 말을 꾸미고 장식하는 것은 훌륭한 말을 만들거나 말하는 재주만은 아니다. 그러므로 설교문도 예수님의 어법을 따라 수식하고 장식하자.

1. 쓰리(three) '고'와 포(four) '기'
- 설교의 목표 : 알리고, 따지고, 타이르고, 얻어내기, 웃기기, 울리기, 부추기기

설교의 목표는 청중과의 의사소통을 원활히 하여 설득하고 믿게 하는 데 있다. 그러므로 무엇보다도 먼저 청자의 입장을 먼저 생각해야 한다. 글을 쓰는 재주, 방식, 글쓰는 사람, 말하는 사람은 모두 부차적인 것이다. 설교의 소비자인 청중 중심으로 설교를 활성화시켜보자. 설교는 설교자의 의도를 믿게 하려는 합리적인 동기와 청중을 설득하기 위한 정서적 동기가 있다. 이에 따라 '타이르고, 어르고, 따지고' 하는 합리적인 목표와 '얻어내기, 웃기기, 울리기, 부추기기' 하는 정서적인 목표로 나누어 살펴보자.

1) 합리적으로 '고'

먼저 합리적으로 가보자(go). 알리고, 타이르고, 따지고 하는 것은 명확히 분리되는 것이 아니라 서로 겹쳐 있다. 왜냐하면 이 세 가지 모두가 설교자와 청중을 하나로 묶는 진리가 선포되기 때문이다.

(1) 알리고

"아씨 시 성 프란치스꼬의 최초의 전기작가인 토마스 형제는 중부 이태리의 조그마한 도시 첼라노(Celano)에서 태어났습니다. 그래서 그를 언제나 토마스 첼라노라고 부릅니다. 그의 출생년도는 확실치 않습니다. 바티칸에서 발간되고 있는 월간지 「교회」(Eccelesia, 1960)에서 한 작가는

토마스 첼라노의 출생년도를 1185년으로 잡고 있습니다. 이것이 비록 확실한 것은 될 수 없지만 그래도 비교적 근사한 것이라 볼 수 있는데, 그 이유는 그의 생애를 여러 면으로 고려해 볼 대 12세기 말경에 출생했음이 확실하기 때문입니다. 그리고 그의 가족관계에 대해서는 알려진 바 없습니다."2)

이 글은 설교문의 일부는 아니다. 설교의 목표 중 하나가 보고하듯이 알리는 데 있다는 것을 보이기 위해 예로 들었다. 이처럼 청중에게 설교자의 감정의 개입 없이 특정 정보를 전달함으로써 설교의 효력이 나타난다. 청중을 믿음으로 이끄는 효과 말이다. 이 부분의 설교는 많은 수사를 사용할 필요가 없고, 사실적이고 전문적이어야 한다.

(2) 따지고

설교의 목표 중 따지는 것은 청중을 합리적으로 믿게 하려는 데 있다. 그것을 위해 간증과 같은 주어진 경험과 사회적 통념을 바탕으로 한 사실증명이 필요하고, 특수한 것에서 일반적인 것을 나아가거나, 일반적인 것에서 특수한 것을 나아가는 논리적 증명이 필요하다.

"여러분! 고려가 왜 망했는지 아십니까? 여러 가지 이유가 있겠지만, 그 중 하나는 고려의 국교였던 불교 사찰의 재산이 자꾸 늘어나 국가가 운영할 수 있는 재산이 극히 제한되었기 때문입니다. 그래서 조선이 새로 들어섰을 때는 국교를 유교로 바꾸면서 불교를 배척하고 사찰 재산을 몰수하기도 했습니다. 종교가 나누지 못하고 스스로의 곳간에 쌓아 비대해지면

---

2) 토마스 첼라노, 프란치스꼬회 한국관구 옮김, 『아씨시 성 프란치스꼬의 생애』 (분도출판사, 2004), p.19.

그것은 사회의 불용 재산이 되는 것입니다. 하지만 나눌수록 빛나는 것이 종교 재산입니다. 또한 하나님께서 우리에게 주시는 모든 재산의 가치도 그렇습니다. 나누지 않고 쌓아놓는 재산에는 멸망의 서리가 끼게 됩니다."3)

이것은 교회개혁을 설교하는 내용의 일부이다. 교회의 재산 축적이 불가함을 따지는 것으로 일반적으로 증명된 사실을 사용하고 있다. 일반적인 종교 문제에서 기독교 교회의 특수한 문제로 나아가는 설교 방식을 쓴 것이다.

(3) 타이르고

설교에서 타이르기 목표는 도덕적 영역에서 청중을 가르치려는 데 있다. 진리에 입각해서 호소하는 것이기 때문에 자연스럽게 정서적인 부분으로 옮겨 간다.

"토지를 과다하게 보유하고 집을 과다하게 보유하는 것은 결국 토지를 갖지 못한 사람들 집을 갖지 못한 사람들의 소유를 도적질 하는 것과 다름 없다. 이러한 행위는 십계명을 어기는 행위다. 따라서 그러한 자들에게는 영생이 약속될 수 없다. 참으로 영생을 얻기 원한다면 예수님의 명령을 따라 투기를 위해 보유하고 있는 집과 토지를 팔아 가난한 자들로부터 빼앗은 투기적 소득을 돌려주어야 한다. 내가 투기적으로 10채의 집을 사서 집 값을 두 배 올렸을 때, 가난한 자들은 두 배 오른 집을 사기 위해 평생 고생해야 한다. 그것은 가장 잔인한 도적질이 아닐 수 없다. 이러한 도적질을 회개하지 않고 영생을 얻기를 바랄 수 있을까?"4)

---

3) 김경호, 『야훼 신앙의 맥 - 오경』 (생명나무, 2007), p.171.

이처럼 타이르기의 효과는 교훈적이며, 규범적인 설교에서 나온다.

2) 정서적으로 '기'

다음으로 정서적으로 제기해보자(起).

(1) 얻어내기

청중을 설득하는 목표를 설교 자체에서 찾는 것이 아니라 청중으로 하여금 도모하는 행동을 하게 하는 것을 말한다.

"사람에 대한 사랑과 변화할 수 있는 가능성은 살아 있기에 가능한 것입니다. 음모를 꾸미는 율법학자와 바리새파 사람들처럼 자기의 기득권과 논리를 위해 하느님의 말씀을 어줍지 않게 인용하면서 왜곡하는 것보다는, 겸허하게 자기를 돌아보며 하느님이 만드신 생명을 사랑하는 것이 낫습니다. 하느님의 형상을 닮은 사람이 하느님 앞에서 가질 수 있는 가능성을 인정하는 것이 낫습니다. 간음하다가 붙잡혀서 죽을 뻔한 여인을 용서하여 새로운 삶을 살게 하신 예수님의 용서를 본받는 것이 낫습니다. 더 나아가서 합법적인 사형이든 불법적인 살인으로 억울하게 죽임을 당한 수많은 사람들의 생명을 안타까워하면서 다시는 그런 일이 일어나지 않도록 애쓰는 것이 낫습니다. 하느님은 모든 생명을 살라고 만드셨지, 죽이라고 만드시지 않았습니다. 생명의 정당한 열매가 온 들판에 가득하기를 빕니다."[5]

위 설교의 주제는 사형제 폐지에 있다. 그러므로 이 설교가 얻어내

---

4) 신현우, 「부동산 과다 보유는 도적질이다」, 설교마당, www.newsnjoy.co.kr, 2007. 2. 9.
5) 이병일, 「반드시 죽여야 한다?」, 설교마당, www.newsnjoy.co.kr, 2005. 9. 5.

려고 하는 것은 이 설교를 들은 청중들이 사형제 폐지 운동에 참여하는 것이다.

　(2) 웃기기

　의례적인 설교의 목적과 상관없는 웃기기는 청중이 설교에서 느끼는 지루함을 벗어나 잠시 쾌락적 향유를 즐기도록 한다. 다시금 설교 주제로 돌아왔을 때 보다 호소력을 발휘하게 되는 효과가 있다. 왜냐하면 웃음을 통해 정서적으로 수용폭이 넓어지기 때문이다.

　"어떤 믿음 좋은 사람이 아프리카 밀림 속을 여행하다 사자를 만났다. 믿음이 좋은 이 사람은 하나님께 즉시 무릎을 꿇고 기도를 드렸다. 〈하나님, 저 사자의 마음을 선하게 움직여 주셔서 제가 먹이로 보이지 않고 친구로 보이게 하시옵소서.〉 이 사람이 간절히 기도를 드리고 있는 그 순간 사자도 엎드려서 하나님께 간절한 기도를 드렸다. 〈하나님, 며칠을 굶었는데 이제 일용할 양식을 주시니 참으로 감사합니다.〉"[6]

　이 유머는 실제로 설교에 사용된 것은 아니다. 혹시 누가 사용했을 수도 있지만. 이러한 웃기기는 설교의 양념과 같은 것이다. 그 내용이 천박하거나 천편일률적인 것이 아니면 말이다.

　(3) 울리기와 부추기기

　설교에 있어서 '울리기'와 '부추기기'의 본질은 분노, 증오, 비애, 놀라움 등 격렬한 감정을 일으키는 데 있다.

---

6) 유혜숙외, 『움직이는 말하기』 (집문당, 2005), pp.103~104.

"오늘날, 아프카니스탄의 산하가 미국의 폭격으로 묵사발이 되고 있고 아무 것도 모르는 아이들이 맑은 하늘에 벼락같이 내린 포탄에 맞아 생죽음을 당해야 하는 현실에서 존 레논의 노래가 더욱 가슴에 맴도는 것은 당연한 일일 것입니다. 아침 식사를 하다가 온 가족이 멸절을 당한 뒤 간신히 살아남은 그 집의 어머니는 폭격기 조종사의 얼굴을 꼭 한번 보았으면 좋겠다고 외쳤다고 합니다. 그가 도대체 누구 길래, 무슨 권리가 있다고 이런 불행을 자신의 가족에게 안기는 것이냐고 절규했던 것입니다.

이번 전쟁이 테러에 대한 응징이라고 하는데, 정작 싸움은 아프카니스탄과 하고 있습니다. 미국은 탈레반 정권이 테러 조직을 옹호하고 있기 때문에 그렇다고 하지만, 그것 때문에 아프카니스탄 국민들이 이렇게 계속 희생을 당해야 하는 것이 옳은 일인지 의문을 제기하지 않을 수 없습니다. 탈레반 정권은 매우 중세적 봉건성을 지닌 문제가 많은 체제입니다. 여성들에 대한 억압은 이루 말 할 수 없습니다. 그러나 그렇다고 해서 그것이 미국에게 이렇게 공격을 받아도 되는 이유가 될 수는 없습니다."[7]

이러한 방식은 설교의 첫머리나 끝머리에서 사용하는 것이 효과적이다. 거기에 목소리의 고저, 주먹을 쥐락펴락하는 행위가 곁들여 지면 청중은 설교자의 이기지 못하는 감정을 전달받게 될 것이다.

---

[7] 김민웅,「미국이 진정 큰 나라로 새롭게 태어나기를」, 설교마당, www.newsnjoy.co.kr, 2000. 10. 4.

2. 말 문(門) 들어가서 나오기
   - 설교의 배열

배열(Disposition)은 설교 전체에서 논거들을 효과적으로 정렬하는 기술로 다음과 같은 요소를 포함하고 있다.

1) 도입부

성서의 구절을 읽고 주님께 기도를 올린다.

2) 들머리

들머리는 청중의 관심을 끌고, 이해를 돕고, 호감을 사야 한다.

3) 문제제기

청중에게 상황을 간결하고, 명확하고, 신빙성 있게 전달하며, 설교자가 주제를 잡은 동기가 드러나야 한다.

4) 밝히기

설교자의 주장이 개입된 부분이다. 이 부분에서 설교자의 의도에 따라 사실적일 수도 있고, 격정적일 수도 있다. 문제제기에 대해 긍정적인지, 부정적인지 드러나도록 밝혀야 한다.

5) 마무리

마무리에서는 지금까지 증명된 내용을 간략하게 요약한다. 여기에 동정심, 분노 같은 감정에 호소하는 것도 괜찮다.

이러한 요소가 어떻게 배열되었는지 다음 설교[8]를 통해 살펴보자.

◁도입부▷

"또 곱에서 블레셋 사람과 전쟁이 일어났다. 그 때에는 베들레헴 사람인 야레오르김의 아들 엘하난이 가드 사람 골리앗을 죽였는데, 골리앗의 창자루는 베틀 앞다리같이 굵었다.(사무엘하 21:19)"

도입부에 설교의 내용과 관련이 있는 성서의 말씀을 배치했다.

◁들머리▷

"다윗과 골리앗의 이야기는 성서에서 가장 드라마틱한 승리의 이야기입니다. 천하가 무서워하는 골리앗을 어린 소년 돌팔매 하나로 거꾸러뜨리는 통쾌한 장면에서 기독인들은 주먹을 불끈 쥐고 가슴이 시원해짐을 느낄 것입니다. 그런데 우리는 성서를 읽다가 골리앗에 대한 전혀 다른 내용을, 그러나 결코 지나칠 수 없는 뜻밖의 보도 하나를 접하게 됩니다."

들머리에서는 청중의 호기심을 끌만한 사건을 제시한다. 바로 다윗과 골리앗 싸움에 관한 의문이다.

---

[8] 김경호, 「이름도 남김없이」, 『새 역사를 향한 순례 – 역사서』(생명나무, 2007), pp.132~139의 내용을 요약 발췌함.

<문제제기>

"아닌 밤에 홍두깨 식으로 골리앗을 죽인 것이 다윗이 아니고 엘하난이라니? 감히 누가 다윗의 권위에 도전하는가? 누가 감히 성서의 권위에 도전하는가? 그러나 어찌하랴, 도전하는 것도 성서인 것을……. 흥분을 가라앉히고 우리는 이 중대한 도전에 특별검사라도 내어서 정밀조사를 하고 싶기도 합니다. 그러나 워낙 오래 된 일이라서 실제 수사는 불가능할 것 같고, 부득이 성서 자료를 통해 이 문제를 추적해 보려고 합니다."

문제제기에서는 골리앗을 죽인 것이 다윗이 아니고 엘하난이라는 사실을 신빙성 있는 목소리로 간명하게 이야기함으로써 설교자가 '이름도 남김없이'와 같은 주제를 잡은 동기를 드러낸다.

<밝히기>

"또 사무엘상 21:9-10의 기사를 봅시다. 이 이야기는 다윗이 골리앗의 칼을 취하게 된 전승입니다. 다윗이 사울에게 쫓기느라 아무것도 가지고 나오지 못한 채 놉의 사제를 만나 식량과 칼을 구하게 되는 기사입니다. 다윗이 사제에게 〈여기 어디 칼이나 창이 있습니까?〉라고 물으니 사제 답변합니다.

(장군이 느티나무 골짜기에서 죽인)블레셋 장수 골리앗의 칼밖에 없소이다.
보자기에 싸서 에봇 뒤에 두었는데 그것이라도 가질 생각이 있으면 가지시오. 이곳에 다른 무기라곤 없소이다. 다윗이 그만한 것이 어디 또 있겠습니까? 하며 그것을 받아 가졌다.
— 공동번역, 히브리 성서 마소라 텍스트 킷텔판(1937)의 번역.

그런데 이 구절을 표준새번역으로 보면 괄호 부분의 수식어가 다르게 나타납니다.

(그대가 엘라 골짜기에서 쳐 죽인)블레셋 사람 골리앗의……
- 표준새번역, 히브리 성서 마소라 텍스트 독일성서공회판(1966)의 번역.

이하는 같습니다.

왜 다를까? 뭔가 수상합니다. 딴 구절들은 모두 같은데 왜 그 부분만 다를까요?…… 이런 이야기의 전개는 이미 사무엘상 17장에 나와 있는 '다윗과 골리앗 이야기'와 맞지 않으므로, 〈당신이 느티나무 골짜기에서 죽인(공동)〉 혹은 〈그대가 엘라 골짜기에서 쳐 죽인(표준새번역, 개역)〉 부분을 추가함으로써 전체 내용에 무리 없게 조정, 설명하고 있는 것입니다. 더군다나 이 구절은 〈블레셋 장수의 목은 예루살렘으로 가져오고 그의 무기는 자기(다윗)의 천막에 간직하였다(사무엘상 17:54)〉라는 말씀과도 모순이 됩니다. 놉의 제사장 이야기는 다윗이 골리앗을 죽였다는 이야기와는 별개의 전승이며, 제사장들 역시 그 유명한 사건을 전혀 모르고 있다는 것입니다.

그러면 본래 '다윗과 골리앗'의 이야기는 어떻습니까? 이야기를 자세히 보면 '골리앗'이라는 이름은 이야기의 앞뒤에 있을 뿐입니다. 중간 이야기의 본체는 그저 다윗이 블레셋장군, 블렛 사람을 죽인 이야기로만 구성되어 있습니다. 그러나 이 이야기 앞뒤에 골리앗이라는 구체적 이름을 끼어 넣음으로써 블레셋 사람은 당연히 골리앗을 가리킨다고 독자들이 연상하게 만든 것입니다.

여러분 어떻습니까? 골리앗을 죽인 사람이 누구인 것 같습니까? 이 정도의 증거만 보아도 골리앗을 죽인 공은 아무래도 다윗의 것은 아닌 것 같습니다. 3000년 전 이름조차 찾지 못한 엘하난이 억울한 사연을 호소해 오는 것 같습니다."

밝히기 부분에서는 골리앗을 물리친 것이 다윗이 아니라 엘하난이라는 주장을 하면서, 그동안 영웅 중심으로 재편되었던 역사의 모순을 부정적으로 밝히고 있다. 더불어 엘하난이라는 평범한 장군의 존재를 긍정적으로 밝히고 있다.

◁마무리▷

"민중은 아무 공도 남김없이 그들 미래의 역사를 위해 이름마저 바칩니다. 민중이 그들에게 이름을 돌린 예는 비일비재합니다. 성서에서만 보더라도 모든 시는 다윗에게 돌려졌고, 모든 지혜는 솔로몬에게 돌려졌습니다. 또 모든 율법은 모세에게 바쳐졌습니다.

실제 이러한 법률, 문학작품들은 오랜 세월 동안 이루어진 사회적 산물들입니다. 이러한 전승들은 모세, 다윗, 솔로몬이 직접 만들어낸 것은 아닙니다. 그보다 훨씬 후대에 그들에게 돌려진 것입니다. 그들 자신이 의도적으로 빼앗은 것이라기보다는 후대의 인물들이 그들의 대표적인 인격으로 표현했고 그들의 이름으로 영광을 돌렸을 뿐입니다. 이처럼 민중은 이름을 바칩니다. 제 몫의 땀과 공을 내 것이라고 주장하지 않고 가장 값있는 쪽으로 바칩니다."

마무리 부분에서는 지금까지 이야기 한 것을 요약하고 영웅사관에 대한 분노를 표출하는 동시에 이름 없이 죽어간 민중에게 동정심을 표한다. 이처럼 신학적 방향에 따라 설교의 배열은 다양하다. 그러므로 어떤 고정된 형식이 있어 그것만을 고집하기 보다는 설교자의 창조적인 개성이 중요하다.

3. 말씀에 무늬 넣기
- 문체의 범주

설교는 변화무쌍한 것이 되어야 한다. 잘된 한 편의 글을 써서 청중 앞에서 읽는 문학의 밤 형식이 되어서는 안 된다. 설교에 동적인 움직임을 주어야 하는데, 그 방법이 바로 문장 단위로 색다른 무늬를 넣는 것이다. 천편일률적으로 주어→ 목적어→ 동사 순으로 말할 수는 없지 않은가? 각 문장 성분들의 자리를 바꾸거나, 반복하거나, 늘이거나 줄이거나 하는 기교를 부려야 한다. 물론 문법적인 통사 원칙을 무시하라는 얘기가 아니다. 그 토대 위에서 변화를 꾀하라는 것이다. 우리는 주님 품 안에 구속되어 있다. 그건 선택이전에 그렇게 된 것이다. 그러나 그 구속으로 해서 우리는 무한한 자유를 얻었다. 그처럼 설교의 말씀 한 문장 문장이 구속받은 자유를 누렸으면 한다. 그러므로 말씀에 무늬를 넣는 다는 것은 일종의 일탈이며 변화이다.

1) 자리무늬 넣기

자리무늬 넣기는 일반적으로 쓰이는 통사적 어순을 바꾸는 것이다.

"나는 문익환과 같은 사람이 바로 이 시대의 세례 요한과 같은 삶을 살았던 사람이라고 생각한다."

설교 내내 이런 식으로 말할 수는 없지 않는가? 이 하나의 문장은 자리바꿈을 통해 새롭게 태어난다.

- "<u>문익환과 같은 사람이</u> 나는 바로 이 시대의 세례 요한과 같은 삶을 살았던 사람이라고 생각한다."
- "<u>나는 생각한다.</u> 문익환과 같은 사람이 바로 이 시대의 세례 요한과 같은 삶을 살았던 사람이라고."

좀 더 변화를 주기 위해 단순히 어순만을 바꾸는 것이 아니라 문장 성분의 역할을 바꾸자.

- "이 시대의 세례 요한과 같은 삶을 살았던 사람은 바로 <u>문익환과 같은 사람이라고</u> 나는 생각한다."

아예, 일부 성분을 생략해서 다시 자리를 잡아보자.

- "<u>이 시대의 요한은 바로 문익환이라고</u> 나는 생각한다."

아니면, 없던 성분을 삽입해 보자.

- "<u>문익환 하면,</u> 나는 바로 세례자 요한이 생각난다."

2) 겹무늬 넣기

겹무늬 넣기는 서로 다른 것들로 둘러싸인 가운데서도 똑같은 것이나 비슷한 것을 되풀이 하는 것을 말한다. '자리무늬 넣기'가 기존 형식에 대한 변화를 꾀하는 것이라면, 겹무늬 넣기는 새로운 흐름에 저항하여 기존 형식을 계속 고집함으로써 오히려 긴장감을 주는 것이다.

"주님에게 내 마음 흘러갑니다."

먼저, 가까이 해서 거듭해 보자.

- "<u>주님에게, 주님에게</u> 내 마음 흘러갑니다."

'주님에게'를 거듭 반복함으로써 주님을 향한 절실함이 더 한층 가중된다. 이제 인접한 거듭조각들 사이에 짤막한 문장요소 하나를 끼워보자. 그러면, 생경하게 틈이 벌어진다.

- "주님에게, <u>내 사랑</u>, 주님에게 내 마음 흘러갑니다."

이 문장을 변주해서 다시 하번 거듭 반복해 보자.

- "주님에게, 내사랑, 주님에게 내 마음 흘러갑니다. <u>내 마음 흘러가는 곳은 주님, 내사랑, 주님</u>"

3) 늘림과 줄임무늬 넣기

설교의 분량을 늘이거나 줄이는 것이 늘림과 줄임 무늬이다. 늘림무늬는 주제를 강조하며 상세히 설명하고, 줄임무늬 세부항목들을 계속 없앰으로써 주제를 축소하려 한다. 전자의 목적은 명백함이요, 후자의 목적은 설교의 경제성이다.

먼저, 늘림무늬 넣기부터 보자.

"목자들이란 당연히 양떼를 돌보고 먹이는 임무를 수행하는 사람들입니다."

이 문장을 가지고 사회지도층의 노블리스 오블리제를 주제로 하는 설교문이 되도록 늘리는 방법은 첫째, 배분하는 것이다. 즉 전체를 그 부분들로 나누어 열거하는 것이다.

- "목자들이란 당연히 양떼를 돌보고 먹이는 임무를 수행하는 사람들입니다. 왕의 임무는 자기 백성을 편안하게 돌보고 지켜나가는 데 있습니다. 그처럼 정치가는 백성을 위해 권력을 써야 하고, 부자들은 가난한 사람들의 빈곤퇴치를 위해 자신의 재산을 써야 하며, 지식인은 민중의 이익을 위해 앞장 서야 합니다."

둘째, 정의를 내려서 대조적으로 혹은 대칭적으로 구분하는 것이다.

- "목자들이란 당연히 양떼를 돌보고 먹이는 임무를 수행하는 사람들입니다. 이것은 사회지도층의 노블리스 오블리제의 근본을 함축하는 말입니다. 즉 노블리스 오블리제는 희생이 아니라 의무입니다. 왜냐하면 전자는 내가 가진 것이 모두 내 것이라는 생각에서 출발한 것이고, 후자는 내가 가진 것이 다른 사람으로부터 온 것이라는 생각에 있기 때문입니다."

다음으로, 줄임무늬 넣기를 해 보자. 설교를 줄이기 위해서는 세부 항목을 없애야 하고 구체적인 것을 모두 포기해야 한다. 따라서 언어 표현에 암시 효과를 위해서 표현이 모호하게 되는 위험을 감수해야 한다.

"목자들이란 당연히 양떼를 돌보고 먹이는 임무를 수행하는 사람들입니다. 그리고 왕의 임무는 자기 백성을 편안하게 돌보고 지켜나가는 데 있습니다. 그처럼 정치가는 백성을 위해 권력을 써야 하고, 부자들은 가난한 사람들의 빈곤퇴치를 위해 자신의 재산을 써야 하며, 지식인은 민중의 이익을 위해 앞장 서야 한다고 나는 생각합니다."

이 단락에서 주어와 접속사, 지시어, 동사 등을 생략하여 다시 써 보자.

- "목자들은 양떼를 돌보고, 왕은 백성을 편안하게, 정치가는 백성을 위한 권력을, 부자들은 빈곤퇴치를, 지식은 민중의 이익을 위해!"

또 다른 방법은 이 모든 것을 종합하여 말하지 않고 넘어 가겠다고 말함으로써 끝내는 것이다. 주제를 다루지 않고 넘어 감으로써 얻게 되는 효과가 매우 크다. 그 빈공간을 반어적 어법을 써서 주제를 강화하면 된다.

- "사회적 노블리스 오블리제에 대해 애써 말하지 않겠습니다. 차라리 침묵하겠습니다."

4) 호소무늬 넣기

설교 대상인 청중이 없으면 설교문도 없다. 이 청중 지향성은 설교문을 쓰는 데 있어 청중에게 호소하기를 요구하고 있다. 호소무늬 넣기는 물음, 대답, 영탄, 돈호를 통하여 실현된다. 이것은 상당히 극적이고 감성적인 것으로 설교자는 이제 연극배우가 되어야 한다.

"목자들이란 당연히 양떼를 돌보고 먹이는 임무를 수행하는 사람들입니다. 왕의 임무는 자기 백성을 편안하게 돌보고 지켜나가는 데 있습니다. 그처럼 정치가는 백성을 위해 권력을 써야 하고, 부자들은 가난한 사람들의 빈곤퇴치를 위해 자신의 재산을 써야 하며, 지식인은 민중의 이익을 위해 앞장 서야 합니다."

먼저, 위 문장을 설의법을 사용하여 다시 써 보자.

- "목자들이란 당연히 양떼를 돌보고 먹이는 임무를 수행하는 사람들이 아닌가? 왕의 임무는 자기 백성을 편안하게 돌보 지켜나가는 데 있지 않는가? 그처럼 정치가는 백성을 위해 권력을 써야 하지 않는가? 부자들은 가난한 사람들의 빈곤퇴치를 위해 자신의 재산을 써야 하지 않는가? 지식은 민중의 이익을 위해 앞장 서야 하지 않는가?"

이것은 수사적 의문문으로서 물음에 이미 대답이 있기 때문에, 아무런 대답도 요구하지 않는다. 이를 통해 분노, 신랄함 등 설교자의 격렬한 감정을 표현하며 그 효과는 권고나 변명이 되기도 한다. 이와 더불어 자문자답의 문답식을 사용할 수도 있다.

다음은 고백법이 있다. 설교자가 거짓으로 항복하는 것이다. 즉, 설교자는 상대방에게 일단 다뤄지는 문제에 있어 자신이 졌음을 고백하지만, 뛰어난 반대논거나 반어법을 이용하여 이 고백을 다시 취소해 버린다. 이때 설교자는 반격이 더욱 효과적이게끔하기 위해서, 상대의 입장은 강하고 자신의 입장은 약한 것으로 보이게 한다.

- "노블리스 오블리제를 빙자해서 사회지도층을 명예와 권위를 무시하는 풍조가 있는 것을 인정합니다. 하지만 지난 과거 사실을 볼 때 사회지도층의 임무는 막중하다는 말입니다."

마지막으로 의인화나 활유법을 써서 청중에게 접근하는 방법이다. 이는 설교자의 강도 높은 격정과 결합되어 청중의 정서를 자극하는 효과를 본다.

- "노블리스 오블리제는 말한다. 사회지도층의 어떤 권위와 힘이 억누르려 해도 주님의 뜻으로 하는 말이기 때문에 다음과 같이 주장하는 것이다. 왕은 자기 백성을 편안하게 돌보고 지켜나가야 하고, 정치가는 백성을 위해 권력을 써야 하고, 부자들은 가난한 사람들의 빈곤퇴치를 위해 자신의 재산을 써야 하며, 지식인은 민중의 이익을 위해 앞장 서야 한다."

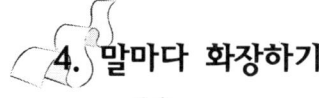
4. 말마다 화장하기
- 비유

앞서 예수님도 수많은 비유를 썼다고 말한 바 있다. 그 이유도 적었다. 다시 반복하지만 우리가 하는 말이 비유 없이 문법책에 나오는 말과 같다면 얼마나 지루하고 듣기 싫겠는가? 아무도 새겨듣지 않을 것이다. 비유를 쓰는 것은 청중의 귀를 간질이고 눈길을 끌어 마음을 사로잡기 위해서다. 비유는 문학하는 사람만이 하는 것이 아니라 언어를 사용하는 인간이면 누구나 하는 것이다. 인간은 비유라는 매개를 통해서 현실을 파악하기도 하며 스스로를 규정하기도 하고 세계를 이해한다. 그러므로 주님의 뜻을 이해하고 남에게 전달하여 이해시키는 방법으로서 비유는 필수적이다.

1) 피할 것은 피하자

'죽다'와 같은 금기어 대신에 '주님 품속에서 잠들다'로 할 것이며, 동의어를 반복하지 말자. 예를 들어 '남성'이라는 말을 한 번 썼으면 '남자라는 존재'식으로 쓰자. 특히 일상적인 표현을 피하자. '해질 무렵' 대신에 '서산 그림자 돌아갈 때' 식으로 멋들어지게 말하자.

2) 부분이 전체를 포함하도록 하자

일종의 제유법을 말하는 것이다. 즉 넓은 뜻의 표현을 더 좁은 뜻의 표현으로 또는 그 역으로 표현하는 것을 말한다. '하나님 나라에 드는 것을 허락받았다'를 '하늘로 가는 열쇠를 얻었다' 식으로 표현하자는 것이다.

3) 다른 것으로 바꾸어 보자

환유적 비유를 말하는 것으로 전혀 관계없는 것으로 바꾸자는 것은 아니다. 인과적, 공간적, 시간적으로 관계가 있는 것으로 대체하자는 것이다. 그래서 '기독교인'을 '십자가를 따르는 사람들'로, '교회에서' 대신에 '주님의 집에서' 식으로 표현하자.

4) 낯선 것을 함께 놓자

청중에게 충격을 주기 위해 표현하려고 하는 대상을 청중이 예상하지 않은 것과 함께 놓는다. 일종의 은유적 수법으로서 사랑하는 사람을 그저 '애인'이라고 하지 말고, '그녀는 은총의 원천이다' 식으로 표현하는 것이다. 물론 여기에도 '애인'과 '은총' 간에는 주님을 매개로 한 관계가 있어야 할 것이다.

5. 의사소통 상황에 따른 다섯 가지 언어 변주
- 말투

말투는 청중의 사회적, 경제적 신분을 따져 달리 하는 것이 아니라 상황에 따라 결정하는 것이다. 예를 들어 성탄절과 부활절과 사순절 때 하는 설교의 말투는 달라야 하는 것이다.

1) 찬양이 필요할 때 – 차갑게

찬양의 근본은 감사하는 마음에 있다. 주님의 은총 안에서 존재하는 기쁨을 함께 나누는 분위기를 유도해야 한다. 이때 격양된 말투와 흥분된 어조로 일관하는 것은 찬양의 의미를 저버리는 것이다. 설교자가 자신의 감정에 몰입되어 정작 기쁨을 향유하고자 하는 청중의 영역을 침범해서는 안 된다. 조목조목 주님의 은혜로움을 열거하면서 청중으로 하여금 귀로 들은 말을 마음에 새기도록 하자. 그러므로 차갑게 느낄 정도로 말을 이어가도록 하자.

2) 기도가 필요할 때 - 차분하게

기도는 고백이다. 나의 부족한 점을 솔직하게 다 털어 놓음으로써 주님만이 유일한 은신처이며 안식임을 스스로 깨닫는 행위인 것이다. 그러므로 애타게 매달린다든지, 귀찮게 떼를 쓰는 말투는 기도라기보다는 일종의 기복행위다. 설교자는 청중이 자기최면에 걸려서 아무 말이나 막 하게 해서는 안 된다. 오히려 통성기도보다는 차분한 침묵의 기도가 이루어질 수 있도록 고요한 분위기를 유도하면 좋겠다. 그러므로 차분하게 명상에 가까운 시편들을 낭독하는 것도 좋겠다.

3) 결심이 필요할 때 - 단호하게

우리는 매 순간 선택의 기로에 서 있다. 주님 또한 우리에게 결단을 요구하고 있다. 그것은 우리에게 주어진 소명이다. 소명은 개인적인 것이 아니다. 우리 사회와 인류 전체의 문제를 담고 있다. 그러므로 누구의 눈치를 보거나 양분법적 태도를 취하는 말투로 적당히 얼버무려서는 안 된다. 단호하게 주님의 뜻을 행하는 정의의 선택을 하여 청중으로 하여금 혼란을 겪지 않도록 해야 한다.

4) 친교가 필요할 때 - 부드럽게

친교는 평화가 있을 때 이루어지는 것이다. 평화를 이루는 말투는 어떤 것인가? 무관심하고 데면데면 한 것인가? 암탉이 어린 병아리를 품듯 부드럽게 말함으로써 청중들 상호간에 친교의 장이 밀접하게 이루어지도록 도와야 한다. 이때 부드러움은 청중 하나하나에게 하듯이 매우 사적인 감정을 느끼도록 하는 말투이다.

5) 축복이 필요할 때 - 자연스럽게

축복은 간절함에서 비롯된다. 누군가가 그렇게 되기를 바라는 순수한 마음의 표출이다. 그러므로 어떤 가식적 말투가 개입되어서는 안 된다. 솔직함이 베어 있는 어조로 평소 이야기 하듯 말함으로써 이 역시 청중이 자기 자신에게 하는 것이라 여기도록 해야 한다. 설교자가 힘이 있어 은혜가 충만하여 능력이 청중보다 더 해서 축복하는 것이 아니라 청중 여러분이 축복받을 만한 자격과 권리가 있다는 사실을 그대로 선언하면 되는 것이다.

제5부

설교는 커뮤니케이션이다

1. 청중을 내 몸과 같이 사랑하라
   － 청중의 관점에서 출발

1) 청중은 창조적 소비자

일본에서 한류 열풍이 불면서 배용준을 욘사마라고 부르며 그 인기가 대단했다. 그래서 현대차는 쏘나타 제품명이 일본 주부에게 인기 있는 배용준 주연의 TV 드라마 '후유노 소나타(冬のソナタ)와 같다는 것에 착안하여 배용준을 모델로 기용해서 광고를 내보냈다. 그런데 배용준이 소나타를 광고해도 일본에서 월 20대밖에 팔지 못해 국내에서 한 달에 1만 대쯤 팔리는 수치와는 비교할 수가 없었다. 그 이유를 전문가들은 마케팅 전략의 문제로 보았다. 욘사마팬인 30-50대 주부에게 소나타를 팔아보려 한 전략 자체가 착오였다는 것이다. 일본의 주부들은 큰 세단은 타지 않고 소형차를 선호한다. 또 현대자동차는 일본 주차장이 한국과 미국에 비해 좁다는 사실을 파악하지 못했다. 소나타 차폭은 1.83m인데 신축건물을 제외한 일본의 상당수 주차장은 차폭이 1.83m를 넘어가면 주차하기 어렵다. 일본 중형세단은 디자인과 성능이 뛰어나면서 차폭이 1.83m를 넘지 않는다. 이런 사실을 파악하지 못한 것이 판매부진의 이유였던 것이다.

2006년에 삼성전자 독일법인에서 판매하는 양문형(兩門型) 냉장고가 눈에 띄는 실적을 남겼다. 양문형 냉장고 앞에다 원을 그려 놓고 원의 오른쪽에는 양파, 왼쪽에는 아이스크림의 사진을 넣었다. 독일 사람들이 양파 냄새를 싫어한다는 점에 착안, 삼성 냉장고는 냉장실과 냉동실에 각각 독립 제어장치가 있어 냉장실의 양파와 냉동실의 아이스크림의 냄새가 섞이지 않는다는 점을 강조했다. 그것은 수요자에게 신뢰감을 주는 마케팅 포인트였다. 독일인은 충동구매를 안 하고 최고의 품질을 최저의 가격에 사려는 까다로운 성향을 지니고 있다. 이를 염두에 둔 독일법인의 성공 비결은 무엇보다 현지 시장을 파고드는 마케팅 전략에 있었다. 품질과 마케팅 전략이 상호 조화를 이루면서 삼성 냉장고는 현지 점유율이 50%를 훌쩍 넘었다.

제품 판매를 마케팅 전략과 관련하여 상세하게 설명한 것은 설교를 소비자의 관점에서 보기 위해서이다. 제품 판매를 위해서 생산자와 판매자가 구매자의 성향을 파악해야 하듯이 설교자도 청중의 성향을 파악해야 한다. 이 같은 원리로 설교자는 청중의 필요와 욕구를 간파하여 그에 맞는 설교 내용을 구성해야 한다. 청중의 절실한 필요를 충족시킴으로써 청취 욕구를 이끌어내야 하고 설교를 통해 삶의 변화가 시작되었다면 청중은 설교의 창조적 소비자인 것이다.

설교를 듣는 대상이 누구인가를 인식하는 것은 중요하다. 그래서 정용섭 목사는 "이번 주일에 나는 무엇을 설교할 것인가"를 묻는 대신 "나는 누구에게 설교할 것인가를 물어야 한다. 청중의 필요를 생각해보는 것만으로도 설교 내용에 대한 하나님의 뜻을 발견할 수가 있을 것이다"고 말한다.

2) 청중의 상황을 파악하라

위대한 설교자들은 청중의 필요를 민감하게 의식했다는 공통점이 있다. 따라서 하나님의 말씀을 선포하기 전에 청중의 상태를 분석하고 그들이 절실히 필요로 하는 것이 무엇인지 파악하는 것이 중요하다. 이를 위해서 청중의 연령 분포, 교육 수준, 사회적 지위, 가정 형편, 신앙적 성숙도 등 인구통계학적 측면과 사회 심리적 측면, 그리고 영적인 측면까지 분석하여야 한다.

청중은 추상적 집단이 아니라 존재하는 실체이며 현실에 실존하는 개개인들이다. 그런데 설교자는 청중을 추상적인 집단으로 보고 그들의 삶을 막연하게 일반화시켜 상정하는 경향이 있다. 이에 대해 한진환 목사는 청중을 복잡한 관계 속에서 존재하는 한 개인으로 보지 않으면 결단코 그들이 고민하는 문제의 근원에 바로 접근할 수 없음을 강조한다. 따라서 설교자와 청중의 실제적인 접촉이 필요하고 그것을 통해서 청중의 요구를 알 수 있다. 청중과의 접촉 없이 성경 연구만으로 그들에게 접근한다면 성경의 지식만을 전달하는 현실감 없는 설교가 될 것이다.

이동원 목사는 가정생활 세미나를 하기 때문에 설교 시에 가정에 대해서 강조를 많이 하는 편이라고 한다. 그런데 한 교인이 와서 목사님은 밤낮 가정을 강조하시는데, 저는 가족이 없는 독신입니다 라는 말을 했을 때, 이 목사는 독신자들의 요구에 대해서 민감하지 못했다는 사실을 절감했다고 한다. 이 진술은 청중이 다양한 부류로 구성되어 있다는 사실을 상기시킨다. 이제 부모와 자녀로 구성된 가정만이 정상적 가정이라고 단정할 수 없다. 이혼과 만혼, 그리고 독신 세대가 늘고 있는 추세이고 또 다양한 가정 형태가 존재한다. 따라서 설교자는 이 같은 상황을 수용하여 설교를 준비해야 한다.

선생님이 어린 학생들에게 물었다. "여러분! 보통의 반대말이 뭐지요?" 그랬더니 어느 어린 학생이 지체 없이 "곱빼기!"라고 대답했다. 그 어린 학생은 중국 요릿집 아들이었다. 이처럼 사람들은 일반적으로 자기 기준과 상황에 따라 생각하기 마련이다. 청중은 자기 기준과 상황에 따라 설교의 메시지를 받아들인다. 그러므로 설교자는 청중의 처지와 입장을 파악하여 청중이 본문을 어떻게 이해할까, 또는 그들이 이 본문에 대해 어떤 질문을 할까 등을 예상하면서 준비하면 설교에 구체성을 갖출 수 있다. 비록 설교자의 말이 유창하지 못하더라도 잘 전달되는 것은 청중과 관련된 것을 말하기 때문이다. 청중의 상황을 파악하여 그것을 염두에 두고 설교를 진행하면 청중은 자신과 관련된 것이어서 관심을 가지고 집중하게 된다.

3) 청중과의 관계를 인식하라

1998년 대입 수능 시험을 치르던 날, 당시 고건 서울 시장은 청각장애인 응시생들을 격려하기 위해 서울 신교동 선희학교를 방문했다. 교실에 들어섰을 때 교사들과 수행 공무원들은 고 시장이 청각장애인 응시생들을 어떻게 격려할 것인지 촉각을 세웠다. 그런데 고 시장은 여유 있는 표정으로 교단에 서서 수화(手話)를 했다. 학생들은 이내 미소를 지었고 교사들과 수행 공무원들도 놀랐다. 고 시장은 다소 서툰 수화로 "나는 서울 시장이다. 여러분들이 그 동안 닦은 실력을 충분히 발휘해 좋은 성적을 내기 바란다. 나는 여러분을 사랑한다."라는 요지를 전했다. 고건 전 시장은 전날 수화전문가를 초빙해 개인 실습을 받았다. 그래서 청각장애인들 앞에 나설 수 있었다.

의사 전달에는 내용과 관계가 개입된다. 내용은 전달하고자 하는 뜻이며, 관계는 화자(話者)와 청자(聽者)와의 사이를 말한다. 즉 '내용'이 '무엇'을 이야기하는 것이라면, '관계'는 '어떻게' 이야기 하느냐를 가리킨다. 고 시장이 전달하고자 하는 내용에만 치중했다면 능숙한 수화전문가를 수행했거나 격려의 편지를 전달했을 것이다. 그렇게 했다면 학생들의 반응은 아마 한낱 형식에 불과한 인사쯤으로 받아들였을 것이다. 그런데 고 시장은 자신의 뜻을 전달받을 사람이 청각장애인이라는 것을 고려한 '관계'에 대한 배려 깊은 행동으로 그 격려의 뜻이 청각장애인들에게 잘 전달되었던 것이다.

설교에서 관계란 설교자와 청중과의 사이를 말하며 그들은 상호 소통할 수 있는 수평적 관계여야 한다. 그런데 수평적 관계가 아니라 수직적 관계에서 설교자가 종교적 권위로 교인 위에 군림하는 듯한 인상을 한국 교회에서 볼 수 있다. 설교자가 종교적 권위와 시혜적(施惠的) 태도를 버리고 청중의 상황을 이해하려 할 때 청중은 설교자와 일체감을 느끼게 된다. 설교자는 사람을 섬겨야 한다고 늘 말하면서도 설교자 자신은 사람을 섬길 기회를 가지지 못하고 섬김을 받는 것에 익숙해져 있다. 이를 두고 이동원 목사는 "내가 목사가 아니라 먹사지"하는 양심의 가책을 고백하고 싶었다고 술회한 바 있다. 청중에게 섬김 받는 것에 길들여지는 것을 목회자 스스로 경계해야 하며 그에 대한 각성이 필요하다.

마틴 쉬안(Martin Schian) 교수는 "예배란 상호 교환적인 형태에서 이루어지는 구원의 축제적인 현재화"라고 말한다. 그의 정의처럼 하나님의 말씀으로 설교자와 청중이 수평적 관계에서 교감과 소통을 이루며 해방감을 느낄 때 비로소 축제 한 마당이 될 수 있다.

2. 진리는 청중에게서 나온다.
   - 성경의 진리와 청중의 삶 접촉

   1) 기본에 충실하라

   박원근 교수는 『오늘의 설교론』에서 오늘의 한국 설교 상황을 분석하면서 목회적 비중이 잘못되었다는 것을 단연 첫 번째로 꼽았다. 목회자의 우선적 관심사는 설교가 되어야 하는데 실제로는 설교를 목회의 최우선으로 여기지 않는 경향이 있음을 지적했다. 이를 달리 말하면 목회자가 성경 연구를 성실히 하지 않는다는 것이다. 목회자에게 성경 연구는 가장 기본적이고 최우선적임에도 불구하고 그것을 방기하고 있는 것이다. 그것은 현실적으로 설교자에게 성경 연구에 몰입할 수 있는 시간적 여유가 없을 정도로 가중된 교회 업무가 산재하기 때문일 것이다.

   어떤 이유에도 불구하고 설교자가 청중을 만나는 데 최우선으로 해야 하는 것이 성경 연구이다. 한국교회의 목회자의 경우 성경의 본문을 선택할 때 설교자가 무작위적으로 선택하는 경향이 있다. 이 방법은 설교자의 필요에 따라 자유롭게 선택할 수 있고 탄력적으로 운용할 수 있다는 장점이 있다. 그러나 매주 적절한 본문 선택을 해야 하는 어려움과 그에 따라 시간적 소비를 해야 하는 문제점이 있다. 일정한 기준 없이 때에 적절한 본문을 선택하게 되면 교인에게 성경의 말씀 전체를 골고루 읽게 하지 못한다. 따라서 성구집을 사용하여 본문을 선택하는 방법이 좋을 것이다. 성구집은 성경 전체를 교회력을 따라 배열하여 조직적인 체계를 갖추고 있다. 이 방법은 설교자가 체계 없이 본문을 선택하는 문제점을 극복할 수 있게 해 준다.

설교의 메시지는 성경에 근거하지 않으면 안 된다. 메시지가 성경의 본문과 관련이 없으면 청중은 설교자에게 "당신은 어디에 근거를 두고, 무슨 권위로 그런 말을 하는가?" 하고 물을 것이다. 그러므로 성경에 근거해서 성경의 진리를 적용하는 이유를 밝혀야 한다. 그런데 설교가가 성서에 대한 정밀한 연구를 하지 않아 성경의 본문 진입을 시도하지 못하는 경우가 있다. 하나님의 진리를 선포하는 설교자가 기독교의 본질적인 핵심에 근접하지 못한 채 변죽만 울리는 설교를 해서는 안 된다. 청중이 성서의 진리와 만나고 신앙의 신비를 체험할 수 있도록 설교자는 성서를 연구하는 기본에 충실해야 한다.

신학자 칼 바르트(Karl Barth)는 청중 중심의 설교를 반대하는 학자이다. 그에 의하면 죄인인 인간에게 필요한 것은 하나님 말씀이며 이것을 위해 봉사하는 것이 설교의 합회중성이라는 것이다. 그것은 인간의 실존과 분리할 수 없는 인간성, 죄성, 유한성에 부합하는 그 어떤 것으로 이해해서는 안 된다는 것이다. 그래서 하나님의 말씀을 선포하는 설교는 구원, 십자가와 부활이라는 기독교의 진리가 수렴되어야 하며, 인간은 연약하고 불완전한 존재여서 그것에 기댈 수밖에 없다고 말한다. 바르트의 주장은 설교가 기독교의 진리를 만나는 통로라는 것이다. 청중을 지나치게 의식하여 청중 중심으로 진행되는 설교 현장에서는 기독교 신앙의 본질을 벗어날 우려가 있으므로 바르트의 주장을 염두에 둘 필요가 있다.

2) 청중과 접촉하라

청중에 대한 관찰 없이 단순히 성경의 원리만으로 청중에게 접근한 설교는 공허한 울림이 될 것이다. 그래서 설교자에게는 성서 연구와 함께 청중의 상황을 파악하는 작업을 병행해야 하는 과제가 있다.

통계청 발표에 따르면 우리나라는 2001년 기준으로 연간 혼인건수 320천 건 대비 연간 이혼 건수는 135천 건으로 비율이 42.2%에 이르렀다. 그래서 우리나라의 이혼율은 42%로 OECD 회원국가 중에서 3위를 기록했다. 이혼한 커플 중에 기독교인도 포함되어 있을 것이다. 설교자는 현재 우리 사회의 이런 문제를 설교의 소재로 삼을 수 있고 그에 대해 진중한 접근 태도도 필요하다. 가령 마태복음 19장 6절 "이제 둘이 아니요 한 몸이니 그러므로 하나님이 짝지어 주신 것을 사람이 나누지 못할찌니라 하시니"라는 본문을 설교한다고 하자. 현재 한국의 이혼 실태를 염두에 둔 설교자라면 "신앙인이 쉽게 이혼해 버린다"는 성급한 발언과 단정적인 말을 삼가야 한다. 그런데 심지어 "이혼하지 마!"라며 호통 치며 공격적인 발언을 서슴지 않는 설교자도 있다. 그런 질책은 이혼 경험이 있는 청중에게 분노를 불러일으켜 마음의 문을 닫게 할 것이다. 그보다는 "이혼이 충동적인 결정이 아니라 괴로운 결심으로 하게 된다는 것을 안다. 성경에는 두 가지의 경우를 들어 이혼을 허용하고 있다" 라고 하며 말문을 여는 것이 좋다. 성인을 마치 어린 아이의 잘못을 다그치듯이 하면 반발 심리를 추켜세우는 결과를 불러일으킨다. '아' 다르고 '어' 다르므로 표현에 신중성을 기해야 한다. 무엇보다 청중의 상황을 이해하지 못하고 진행되는 설교는 청중에게 어떤 영향도 미칠 수 없다.

청중의 삶의 문제가 무엇인가 살펴보고 그것을 설교의 대상으로 삼은 적이 있는지를 검토해 보라. 현재 사회적 문제가 되고 있는 이혼을 설교의 대상으로 삼아본 적이 있는가? 혹은 과음과 과도한 끽연의 문제를 목숨 걸고 강조한 것은 아니었는가? 술을 마시고 담배를 피우는 행위가 마치 진정한 기독교인지 아닌지를 판별하는 결정적 척도로 삼고 기껏 술 마시지 마라, 담배 피우지 마라는 내용을 강조한 것은 아니었는가. 그렇다면 기독교의 본질적인 문제를 비켜선 설교 내용이다. 이를 두고 일찍이 존 스토트(John Stott) 목사는 설교자들이 지나치게 복음주의적 하위문화의 지배 아래에 있다고 지적했다. 그보다는 더 근본적이고 중요한 문제에 관심을 가지고 설교의 대상으로 삼아야 한다. 청중과 접촉하면서 설교의 주제를 찾아라. 그래야 설교가 청중에게 사실감 있게 전달된다.

3) 성경과 세계 사이에 다리를 놓아라

영국의 존 스토트(John Stott) 목사는 설교를 성경과 오늘의 세계 사이에 '다리놓기(Bridge-building)'라고 비유했다. 성경의 과거 역사적 정황과 오늘날 청중의 삶과 연관성을 찾아 다리를 놓아주는 것이 설교자의 몫이다. 그래야 설교를 통해서 청중은 성경의 진리를 그들의 삶에 실현하는 길을 찾을 수 있다. 이를 두고 블랙우드(A.W Blackwood) 교수는 "안에서 밖을 지향한 설교(preaching from within outward)"라고 말했다.

설교와 시대의 관련성을 설득력 있게 말한 사람은 20세기의 대표적 신학자인 칼 바르트(Karl Barth)이다. 그에게 누군가가 물었다. "당신은 주일 설교를 위해 무엇을 준비합니까?" 그러자 바르트는 "한 손에 성경을, 다른 한 손에는 신문을 듭니다"라고 대답했다. 이것은 시사하는 바가 깊다. 칼 바르트는 성경의 진리를 인간 생활에 접목시키려 했던 것이다. 강해설교가인 마틴 로이드 죤즈(Martyn Lloyd Jones)도 "설교의 직무란 성경의 가르침을 우리 시대에 일어나고 있는 것에 관련시키는 것이다"며 성경적 진리와 현실의 삶을 결합시키려 했다.

설교자가 성단(聖壇)에서 정치 이야기를 하면 불온하게 생각하는 경향이 있다. 물론 개인적 정견(政見)을 주장해서는 안 된다. 정부의 정책이 우리의 생활에 깊이 침투하듯이 생활과 정치는 불가분의 관계에 있다. 따라서 설교를 통해서 청중이 직면하고 있는 정치적·사회적·문화적 상황에 초점을 맞추어 그것을 설교 내용으로 다룰 수 있다. 만일 그것을 외면하면 종교와 생활을 이원화하여 분리하는 것이다. 성단에서 정치와 핵 이야기뿐만 아니라 국가에서 장려하는 출산 정책, 그리고 이혼 문제를 설교의 대상으로 삼는 것은 온당하다. 따라서 청중이 당면한 현실적인 문제를 직시하고 그것과 성경의 진리 사이에 견고한 다리를 놓는 작업이 설교자가 할 일이다.

요한복음 4장 1-30절에서 예수님은 사마리아 여인과 이야기를 나누면서 인종적, 성적 차별 없이 인간을 사랑하시는 모습을 보여 주고 있다. 이 본문을 설교하고자 하면 예수님이 인종적, 성적 차별을 하지 않으셨다는 사실을 설명하는 데에서 끝나서는 안 된다. 현재에 야기되고 있는 문제적 상황을 다루며 예수님과 같은 행동을 해야 하는 이유를 설명해야 한다. 그래야 현재 청중의 문제적 상황을 성경의 진리로 해결할 수 있는 실마리를 찾을 수 있다.

4) 창조적 커뮤니케이션을 이루어라

잘못된 행동에 대한 지적이 장황해지면 사람들은 '설교한다'라고 표현한다. 일방적인 훈계나 지루한 잔소리를 '설교'라 하는 것은 설교에 대한 부정적 인식을 드러낸 표현이다. 이제 설교에 대한 고루한 인식을 불식시켜야 한다.

21세기 정보화 시대에 사는 현대인들은 각종 매체에서 쏟아내고 있는 정보에 대해 자신의 의견을 개진하여 영향을 미칠 수 있다. 이제 설교자는 설교의 전통적인 방법을 고수하며 권위에 기대어 말씀을 선포하는 양식을 버려야 한다. 프랑스의 커뮤니케이션 학자 피에르 바뱅(Pierre Babin)이 "뉴미디어 기술에서 태어난 '새로운 문화'가 태동하는 동안에도 교회는 흔들림을 당했고 앞으로도 많은 도전을 받을 것이다."고 말했던 것처럼 이제 현대 전자시대에 발맞춰 설교도 새로운 패러다임이 요구된다.

설교가 진행되는 동안 청중은 수동적인 자세로 들을 수밖에 없다. 그래서 질문을 하거나 의견을 제시할 수 없다는 의미에서 설교는 형식상 폐쇄적 구조이다. 이런 구조에서 설교자는 청중이 설교를 어떻게 받아들이고 있는가 하는 반응에 대한 대응이 필요하다. 청중의 미소, 고개를 끄덕거림, 집중된 시선 등 긍정적인 반응을 보이면 설교에 속도를 내어 질주해도 좋다. 이에 반해 관심 없는 표정, 하품, 찡그린 얼굴은 부정적인 반응이며 거리감의 무의식적 표출이므로 그 원인을 점검해 볼 필요가 있다.

설교의 궁극적인 목표는 청중이 기독교의 본질을 깨닫고 행동적 실천에 이르게 하는 것이다. 청중이 변화의 반응을 보였다면 그것은 성공적인 커뮤니케이션을 이루었다고 할 수 있다. 신학자 루엘 엘 하우(Reuel L. Howe)는 자신의 저서인 『대화의 기적』에서 많은 사람들이 커뮤니케이션이란 '그들이 마땅히 알아야 할 일'을 단순히 말해 주는 것만으로 이루어진다고 믿는데 그것을 '독백의 망상'이라 지적한다. 설교자가 독백의 망상에 사로잡혀서 긴 가운에 후드를 두르고 청중이 있는 위치보다 더 높은 단상에 올라서서 일방적인 독백만을 쏟아낸다고 상상해 보라. 그 지루한 모노드라마에 청중은 곤혹스러워할 것이다.

설교자와 청중은 성공적인 커뮤니케이션이 이루어질 때 쌍방은 역동적인 관계가 이루어진다. 청중의 적극적인 반응에 탄력을 받은 설교자는 더욱 성실히 설교 준비를 하며 새로운 도전을 하게 될 것이다. 그리고 청중 역시 삶의 변화를 이끈 설교자의 말씀을 경청하며 설교에 더욱 적극적으로 참여할 것이다. 설교자와 청중이 끊임없는 상호작용으로 내적 변화로 나아가는 것이 성공적인 커뮤니케이션이며 창조적인 설교이다.

3. 또 다시 출애굽하자
- 행동적 실천 유도

1) 적용의 목적

설교자가 본문을 잘 설명하는 것만으로 설교를 끝낸다면 청중에게는 만족스럽지 않은 설교이다. 설교의 요점을 강조해야 하는 이유를 설교자 스스로에게 물어 볼 필요가 여기에 있는 것이다. 설교자가 성경의 본문을 충실히 설명했다고 하더라도 그것을 삶에 적용하는 조건을 갖추지 못했다면 미완성의 설교요 실패한 설교라 할 수 있다. 적용이 시작되는 데에서 설교가 시작된다는 스펄젼(Suprgeon)의 말처럼 적용의 의미와 그 중요성은 절대적이라 할 수 있다.

설교는 청중이 영적인 감동을 받아 실제 생활에서 하나님의 말씀을 실천하며 살도록 하는 데 그 목표가 있다. 그래서 설교의 적용에서 성경의 진리를 생활에서 어떻게 실천하면서 살아야 하는지를 제시해야 한다. 미숙한 설교자는 성급하게 행동적 실천만을 강조할 것이고 성숙한 설교자는 행동적 실천이 필요한 이유에 대해 설명할 것이다. 가령 기독교인의 생활 태도에 대한 설교라면 행동 규제나 금기 등 표면적인 양식만을 강조한다면 청중에게 억압감을 주며 영적인 성숙을 기대하기 어렵다. 그러나 내면적인 접근으로 행동적 실천의 필요성에 대해 근거 있는 설명이 따르면 기독교인의 행동적 실천에 대한 통찰을 이끌어낼 것이다.

삶의 변화를 지향하는 것이 설교의 핵심이라면 그것은 성경에 근거해야 하므로 본문에 대한 정확한 이해와 연구가 필요하다. 본문의 성경 진리를 이 시대 사람들에게 적용할 수 있도록 현대적 의미를 부여하여 설명해야 한다. 성서의 진리가 청중에게 행동적 실천의 결의로 유도되었다면 설교의 궁극적 목표가 달성된 것이다. 프랜시스 드 살레(Francis de Sales)가 설교자의 가치에 대한 평가는 청중이 교회 밖을 나서면서 "아름다운 설교였습니다"라고 말할 때가 아니라 "나는 이제 뭔가를 해야겠습니다"라고 말할 때라는 것이다. 행동적 실천을 유도하는 성공적인 적용 원리에 대해 살펴보도록 한다.

2) 성공적인 적용의 원리

① 구체적으로 하라

설교의 적용을 구체적으로 제시하지 못하고 비현실적이거나 추상적인 것으로 하면 청중은 자신과 무관한 것으로 받아들이게 된다. 예컨대 "이웃을 사랑합시다"라든지 혹은 "세계를 복음화합시다" 등으로 설교의 결론을 맺는다면 어떤 결과가 나타날까? 구체성과 현실성을 갖추지 못한 채 기독교인으로서 당위론을 강조하면 교인은 책무감으로 부담감을 느끼게 된다. 훈계나 의무감을 주입하는 설교라면 청중은 성서의 진리를 삶에서 실천하려는 의욕을 가지지 못한다. 그래서 어느 설교가는 백지 한 장을 준비하여 선을 긋고 한 쪽에는 본문에서 발견해 낸 진리를 적어 넣고 다른 한 쪽에는 그 진리와 생활과의 관계를 적어보라고 했다. 구체적이고 실제적인 적용을 제시하여 현실에서 청중 각자의 개인적 적용을 하게 하기 위해서이다.

이동원 목사는 설교에서 좋은 목표의 특성을 구체적인 것, 달성할 수 있는 것, 그리고 측정할 수 있는 것으로 꼽고 있다. 이웃 사랑 실천이든 세계 복음화이든 설교의 목표는 그에 따른 구체적인 방법이 제시되지 않으면 무력한 설교가 되고 만다. 막연하고 추상적인 목표는 실제 생활에서 힘을 발휘하지 못하기 때문이다.

② 성경에 근거하고 본문과 일치시켜라

본문과 적용은 상호적이어야 한다. 본문 설명은 적용을 뒷받침할 수 있어야 하고 적용은 성경의 원리에서 나와야 한다. 다시 말하면 적용은 본문의 의미와 일치해야 한다. 따라서 설교자는 본문이 청중의 상황에 어떻게 적용될 수 있는지를 살피고 연구해야 한다. 구체적이고 실제적인 적용을 위해서 본문과 현대적 상황과의 연결고리가 필요하기 때문이다.

③ 청중의 필요를 간파하라

설교자가 적용 대상자를 염두에 두고 청중의 상황에 관심을 기울여야 된다. 청중의 필요와 요구를 헤아려 그것을 채워주면 설교의 적용 효과가 증폭될 것이다. 적용의 효과를 높이기 위해 청중의 공통된 관심사를 발견하고 그것과 설교를 관련지어야 한다.

④ 순차적으로 접근하라

삶의 변화를 유도하려면 단계적 접근이 필요하다. 어떤 일을 추진하기 위해 무조건 닦달만 하는 것이 능사가 아니다. 우선 청중에게 본문 설명으로 다가가는 지적인 접근이 필요하다. 성경의 진리에 대한 이해와 감동은 삶의 변화에 대한 감성적 욕구를 불러일으킬 것이다. 그것이 추동력이 되어 청중은 새로운 결단과 행동적 실천으로 나아가게 된다. 지성에 접속하여 감성이 촉발되어야 새로운 결단 의지가 생성된다. 그러므로 마지막 단계에 이르러 청중의 의지에 호소해야 효과가 있다. 설교가 파머(H. H Farmer)는 "설교가 사람들의 의지에 호소하는 바가 없다면 그것은 실패한 설교"라고 했다.

⑤ 설교자를 포함시켜라

설교자가 청중을 향하여 '여러분'이라고 하는 것과 '우리'라고 했을 때 표현의 차이를 느껴보라. 청중을 향해 '여러분'이라고 호명하면 청중과 설교자가 분리된다. 그것이 어떤 잘못을 지적하거나 비난할 때, 혹은 결단을 촉구할 때 '여러분'이라는 호명은 어떤 정서를 환기시키겠는가? '여러분'이라는 범위는 설교자를 제외시키고 청중만 남게 한다. 그러면 청중과 설교자 사이에 거리가 생겨서 설교자는 권위적인 선포자로 남게 된다. 그런 구도에서 청중은 말씀을 얼마나 수용할 수 있을까? '여러분'보다 '우리'라는 표현을 사용하여 설교자를 포함하면 청중은 설교자와 일체감을 느낄 것이다. 적용은 설교자와 청중 모두에게 필요한 것이다.

3) 적용의 형태

어떤 적용 형태가 효과가 있을까 하는 문제는 다윗왕 이야기가 좋은 예가 될 것이다. 사무엘하 12장 1-15절에 나단 선지자가 다윗왕의 회개를 기대하며 다윗왕을 찾아갔다. 다윗왕에게 부자가 이웃에 가난한 집의 새끼 양 한 마리를 빼앗아 자기 집에 온 손님을 위하여 잡았다며 예를 들어 말했다. 그런데 다윗왕은 그 말씀을 자신에게 해당되는 것을 깨닫지 못하고 부자를 마땅히 죽일 자라며 단죄하였다. 이에 나단은 "당신이 그 사람이다"며 다윗을 지적하였다. 그때에야 다윗은 비로소 자신의 죄를 깨닫고 "내가 여호와께 죄를 범하였노라"고 고백했다. 나단이 적절한 예를 들어 다윗의 회개를 촉구했지만 다윗은 그것을 깨닫지 못했다. 적용을 직접적으로 하지 않고 에둘러 하게 되면 청중이 자각하지 못하는 수가 있다. 질문이나 암시나 힌트와 같이 간접적인 적용보다는 직접적이고 확실한 형태가 좋다. 그래야 그것을 청중이 자신의 것으로 받아들이게 된다.

설교자가 성경을 잘 설명하면 청중 스스로 자신의 삶에 적용할 수 있으리라 기대한다면 착각이고 실수이다. 그런 기대를 버리고 설교자는 성경의 말씀을 청중이 삶에 적용할 수 있도록 방법을 제시해야 한다. 그것이 설교자의 역할이다. 실제적이고 구체적인 지침이 제공되지 않으면 청중에게 도움이 되지 않는다. 이에 대해 미국의 신학교수인 브라이언 채펠(Bryan Chapell)은 "일반적인 교훈은 성경 본문에서 제시해 주지만, 특정한 상황에 맞는 구체적인 적용은 설교자의 경험과 용기, 배려, 그리고 영성을 통해서 직접 만들어야 한다"고 말한다.

예수님은 비유를 들어 설명하고 나서 행동을 촉구하며 "하라!"라는 단호한 어조로 말씀하셨다. 결론은 언제나 행동적 실천에 두셨던 것이다. 이처럼 실천적인 삶을 촉구하며 그에 대한 도전의식을 불러일으킬 수 있는 과감한 설교가 오늘날 필요하다. 그런데 "오늘날 설교가 힘이 없는 것은 사람들로 하여금 새로운 현실과 맞부딪치게 하지 못하기 때문이며, 그 부르는 어조가 듣고 달려가고 싶은 간절한 것이 아니라 평범한 것이기 때문"이라며 콕스(Harvey Cox) 교수는 설교 위기의 원인을 지적했다.

설교의 적용은 삶의 변화에 역점을 두고 있다. 그런데 설교가 삶의 변화를 목표로 하지 않는다면 무엇을 지향하는가 하고 의문을 가질 수 있다. 이에 대해 정용섭 목사의 글은 음미할 만하다. 그의 저서 『속 빈 설교 텅 빈 설교』에서 "설교는 사람의 변화가 아니라 예수 그리스도의 사건을 알아듣게 설명하는 걸 목표로 한다. 우리가 그리스도인으로 산다는 것은 도덕군자가 되거나, 누구나 본받고 싶어 하는 휴머니스트가 되는 게 아니라, 예수 그리스도에게 일어난 사건에 자신의 운명을 맡기는 사람이 된다는 의미이다."

4) 적용의 실례

> 거짓말을 했다면 어떻게 해야 할까요? 그것을 먼저 하나님께 고백해야 합니다. 혼자 생각에 갇혀서 후회만 해서는 달라지지 않습니다. 변화할 수 없습니다. 그러나 회개하면 달라집니다. 하나님께 자신의 죄를 고백해야 합니다. 그러나 하나님께 고백하는 것에서 그쳐서는 안 됩니다. 내가 한 거짓말로 상대편이 상처를 입었다면 상대방을 찾아가 용서를 구해야 합니다. 나의 거짓말로 인해 상대방은 얼마나 많은 불면의 밤을 보냈겠습니까? 그 고통을 생각하고 참회해야 합니다. 내가 거짓말한 것을 단지 하나님께 고백하는 것에서 그쳐서는 안 됩니다. 남에게 고통과 상처를 주고 하나님께 고백하는 것으로 쉽게 넘어가서는 안 됩니다.
>
> — 홍정길 목사, 〈사랑과 진실〉, 남서울은혜교회, www.nsgrace.org. 2007. 6. 10.

기독교인들이 죄를 짓고 그것을 하나님께 고백하는 것만으로 죄를 용서 받는다는 점을 두고 비기독교인들은 비판한다. 다시 말하면 자신이 지은 죄에 대한 반성보다는 하나님께 은밀한 고백으로 끝내는 것을 비판하는 것이다. 그것은 죄에 대한 용서를 구했다기보다는 자기합리화의 방편일 수 있다. 위에서 설교자는 잘못을 인정하고 진정으로 용서받고자 한다면 하나님뿐만 아니라 상처를 준 사람에게도 자신의 죄를 고백해야 함을 강조하며 지침을 제시하고 있다.

영화 <밀양>에서 살해를 당한 아이의 어머니가 자신의 아이를 죽인 살인범을 만나러 교도소를 찾아갔을 때 그 살인범이 보여준 행동을 예화로 말하면 좋을 것이다.

4. 슬로우 슬로우 퀵퀵
- 말하기 속도와 어휘, 발음, 어조

1) 센스어필(Sense Appeal)하라!

조직신학자 폴 틸리히(Paul Tillich)는 많은 설교를 했는데 설교가 잘 전달되지 않았던 아픈 경험을 자신의 저서 『문화의 신학』(Theology of Culture)에서 남기면서 "기독교의 메시지는 커뮤니케이션되지 않으면 안 된다"는 것을 강조한다. 설교에서 전달되지 않는 메시지는 메시지가 아니다. 따라서 설교자는 원활한 커뮤니케이션을 위해서 말을 어떻게 잘 전달하는가 하는 방법적인 문제를 고민해야 한다.

말씀은 듣는 것에서 출발한다. 그래서 바울이 로마서 10장 17절에서 "믿음은 들음에서 나는 것"이라고 했고, 루터는 "신앙은 청각적 사건"이라고 말하지 않았는가! 설교는 설교자만의 일방적인 발설이 되어서는 안 되며 설교자와 청중 간 쌍방 소통이 되어야 한다. 설교자의 입 밖으로 나온 음성언어는 이내 사라진다. 그래서 설교자의 음성언어는 하나님의 말씀을 선포하고 청중이 듣는 그 순간에만 존재한다. 따라서 타인의 세계로 틈입해 들어가는 음성언어는 청각의 열쇠이다. 여기에 커뮤니케이션으로서 음성언어의 위력이 있는 것이다.

성경 상담이론가인 제이 애덤스(Jay. E. Adams)의 연구에 의하면 스펄전(Spurgeon)은 자신의 설교에서 인간의 오감을 자극하여 전달 효과를 높이는데 탁월한 인물이다. 오감을 자극하여 전달 효과를 배가하는 것이 애덤스가 말하는 센스어필(Sense Appeal)이다. 인간의 오감에 호소하면 상상력이 작용하여 설교의 내용이 선명한 이미지로 전해지며 내용도 훨씬 사실적이고 풍성하게 전달된다.

그러기 위해서는 설교를 수용하는 청중에 대한 분석이 필요하다. 『목회와 신학』(1991. 8월, 9월)에 발표된 <평신도들의 설교 수용 태도 분석>이라는 설문 조사 결과에서 설교자의 문제점을 알 수 있다. 그 조사에 따르면 교인들이 설교를 잘 듣지 않게 되는 이유가 ①나의 형편과 너무 상관 없어서(7.64%) ②내용이 어려워서(11.25%) ③설교 전달 방법이 마음에 안 들어서(11.25%) ④설교가 너무 길어서(16.29%) 라는 응답으로 나왔다. 또, 교인들이 설교 청취에 방해 요소로 언어와 관련된 것은 음의 속도(20.97%), 설교자의 졸린 음성(18.55%), 정확하지 못한 발음이나 사투리(17.74%), 거친 억양(15.32%) 등으로 나타났다. 이 통계에 의하면 한국 교인은 설교자의 언어로 인해 설교 청취를 방해받고 있는 비중이 70% 넘게 차지하고 있음을 알 수 있다. 이 조사 결과는 설교 전달 방법에 대한 연구가 필요함을 시사한다.

2) 속도를 조율하라

설교에서 말의 속도는 설교자의 성격과 설교 내용상의 차이에 따라 다르게 나타난다. 설교자는 메시지에 따라 말하는 속도를 조절해야 한다. 설교의 핵심을 짚어가며 그 뜻을 강조하고자 한다면 느리게 또박또박 한 낱말씩 말하는 것도 한 방법이다. 설교의 내용과 상관없이 설교자의 말의 속도가 시종일관 느리면 청중은 답답함을 느끼게 된다. 혹은 속사포처럼 말을 빠르게 쏟아내면 그 의미를 정확하게 전달받기 어렵고 공격적인 인상을 받게 된다. 말의 속도는 청중의 연령에 따라 조절해야 한다. 청년층은 빠른 말을 청취할 수 있고 오히려 더딘 말에 답답함을 느낀다. 그에 반해 노년층에게는 말의 속도를 늦추어야 한다. 사람마다 말의 속도가 다른데 말의 속도가 유난히 빠르거나 느린 사람이 있다. 그러면 전달상의 문제가 생기므로 교정이 필요하다. 타고난 버릇이니 어쩌랴 하는 생각으로 교정 의지를 버리는 것은 자기중심적인 태도이다. 교정에 어려움이 따르겠지만 많은 사람을 대상으로 말씀을 전한다는 사실을 의식하라.

설교자가 말과 말 사이를 적절히 끊어서 말하는 음절의 활용을 잘하면 의미가 명확하게 전달된다. 그러나 말과 말을 떼어야 할 부분을 떼지 않고 이어서 말하게 되면 의사전달이 안 되는 경우가 있다. 그렇다고 해서 끊어서 말하기를 자주하면 말이 토막 나서 유창하지 못한 느낌을 준다. 설교 전개상 속도를 말하자면 설교를 시작하기 전에 휴지(休止, pause)를 두어서 침묵을 이끌어 낸 다음 서론을 천천히 시작하고 본론에서는 속도를 조금씩 내어 빠르게 하고 절정에 이르러서는 큰 소리로 빠르게 하는 것이 좋다. 청중에게 결단을 촉구할 때는 속도를 내어 말하는 것이 효과가 있다. 의미심장한 메시지를 던져 집중하게 한 후에 침묵을 가지면 메시지를 강조하는 효과가 있다. 결론에 이르러서는 말의 속도를 늦출 필요가 있다. 마무리 단계에서 천천히 말하면 청중을 격려하며 다독이는 느낌을 주는 효과가 있다.

3) 자신들만의 언어로 말하지 마라

자기 분야에서 상용하는 전문적인 용어는 활동 영역이 같은 사람들끼리만 소통할 수 있다. 그것을 다른 활동 영역의 사람이 들으면 그들만의 언어로 여기고 거리감을 가지게 된다. 설교자가 전문용어를 거침없이 사용하거나, 헬라어에 대한 설명을 장황하게 늘어놓으면 청중은 생소한 언어에 대해 거리감을 느끼게 된다. 설교 시간은 언어학 시간이 아니므로 원어에 대한 정밀한 설명이 필요 없다. 굳이 해야 한다면 설교 요지에 맞게 필요한 부분만 설명하면 된다. 설교 중에 영어를 곧잘 사용하는 설교자가 있다. 설교 내용상 중요한 대목을 영어로 말하면 내용이 더 분명해질 것이라고 생각하기 때문일 것이다. 몇 마디 단어가 아니라 아예 문장으로 말하기도 한다. 영어로 말한다고 해서 그 의미가 명료해지는 것도 아닌데 굳이 영어로 표현하는 이유가 뭘까? 청중은 다양한 계층으로 구성된 집단이라는 것을 염두에 두고 영어로 말할 경우 그 필요성을 점검하라.

생소하고 어려운 단어를 사용할 경우 청중의 입장을 배려할 필요가 있다. 가령 말씀 중에 파라독스(paradox)라는 단어를 말했다면, 그 말 바로 뒤에 '역설적'이라는 뜻을 말해 주는 자연스러운 이음새가 필요하다. 청중의 지적 수준이 다양하므로 생소한 용어에 대해서는 청중의 이해를 도울 필요가 있다. 어려운 용어를 쏟아내는 현학적인 설교에 청중은 그 의미를 명확하게 전달받지 못할 뿐만 아니라 거리감을 느끼게 된다.

친숙한 용어를 사용하면 청중은 훨씬 쉽게 이해한다. 효율적인 의사 전달을 위해서 설교자는 청중의 언어 수준에 유의하여 어휘를 구사하는 게 좋다. 특히 의미를 함축한 한자를 말로 할 경우 의미를 빠르고 정확하게 전달받기 어렵다. 한자의 경우는 그것을 풀어서 입말로 전달하는 것이 정확하다. 가령, "이 문장을 해독(解讀)하면"과 "이 문장을 읽고 풀어보면"과 비교해 보라. 문장을 해독하다니? 듣는 사람의 편에서는 생뚱맞다. 해독(解讀)을 한자로 병기(倂記)하면 독자는 한자로 의미를 이해하든지 아니면 문맥상으로 의미를 파악할 수 있다. 그러나 글이 아니라 말로 듣게 될 때에는 이해를 더디게 하며 우스운 분위기를 풍기게 된다. 말할 때에조차도 살아있는 입말보다는 글말로 표현하는 경향이 있다. "그 책을 일독(一讀)하시기를 바랍니다"와 "그 책을 한 번 읽어 보기를 바랍니다"를 말로 했을 때 차이를 느껴보라. 또 "그 자료를 일별(一瞥)하시고"와 "그 자료를 대략 한 번 보시고"라고 말하면 어느 편이 전달이 잘 되겠는가? 이런 사례들은 많다.

친숙한 어휘 사용이 좋다고 해서 설교할 때 익숙한 어휘 사용만을 고집하는 것은 아니다. 친숙하지 않은 어휘라고 하더라도 적재적소에 사용하면 언어 표현에서 신선함을 줄 수 있다. 곽선희 목사는 설교에서 언어 표현의 중요성을 역설하면서 잘된 수필을 소리 내어 자꾸 읽다보면 모든 어휘가 입에 붙어 구사력이 늘어난다며 자신만의 방법을 피력했다.

설교자가 현대어로 설교를 한 후에 기도할 때에 "하야 주시옵소서" "비옵나이다" 등 돌연 고어(古語)투로 돌변하여 사극(史劇)을 청취하는 듯한 인상을 준다. 고어 사용은 경건함과 경외감을 나타내려는 의도이다. 그렇다하더라도 고어를 빈번히 사용하면 경외감을 자아내는 것이 아니라 작위적인 느낌을 준다. 기독교인은 고어 사용을 자연스럽게 받아들이고 사용하고 있다. 그것은 고어투의 기도에 길들여져서 그럴 것이다. 설교와 기도 중에 과도한 고어 사용은 작위적인 느낌을 주므로 절제해야 한다.

4) 정확하게 발음하라

설교는 발음이 정확해야 한다. 단상의 설교자가 부정확한 발음을 하면 청중은 그것을 흉내 내며 웃기도 한다. 그렇게 되면 설교자의 위엄과 권위가 떨어지게 된다. 김영삼 전 대통령의 발음은 지금도 국민의 입에 오르내린다. 김영삼 전 대통령은 제주도를 방문해서 "제주시를 국제적인 강간도시로 육성할 계획으로 이미 애무장관에게 검토하라고 했다!"고 말해 주위 사람들을 당황하게 했다. 경상도 사람은 이중모음 발음이 잘 되지 않는다. 그래서 '관광도시가 강간도시로', '외무장관이 애무장관'으로 발음되었다. 발음을 정확하게 하는 사람은 부정확한 발음을 분별할 줄 아는 청취능력이 있다. 그에 반해 특정 발음을 정확하게 구사하지 못하는 사람은 부정확한 특정 발음에 대해 분별력이 없어서 같은 지역 사람만 모인 곳이었다면 의사소통에 문제가 없었을 것이다. 또 김 전 대통령은 "우리 경제는 위깁니다"를 "우리 겡제는 이깁니다!"라고 발음해 청중을 어리둥절하게 했으며 "확실히 합시다"를 "학실히 합시다!"로 발음하여 웃음거리를 남겼다.

경상도 사람은 이중 모음 외에 'ㅡ'와 'ㅓ'의 발음을 구분하지 못한다. 예컨대 마태복음 10장 34절 "내가 세상에 화평(和平)을 주러 온 줄 생각지 말라. 화평(和平)이 아니요 검을 주러 왔노라"라는 것을 경상도 설교자라면 이렇게 말할 가능성이 높다. "내가 세상에 하평을 주러 온 줄 생각지 말라. 하평이 아니요 금을 주러 왔노라" '검'이 '금'으로, 화평을 하평으로 발음할 것이다. 그 성경 본문으로 설교하면서,

특정 발음이 안 되는 출신의 설교자라면 "오늘의 설교 제목이 <금을 주러 오신 하나님>입니다"라고 한다면 청중의 반응은 어떨까? 설교자의 부정확한 발음으로 우스꽝스러운 분위기가 조성되거나 의사 전달이 불분명해지면 청중은 설교에 집중하지 못하게 된다.

탈북자 중에 북한 말씨를 고치기 위해 볼펜을 입에 물고 말하는 연습을 했다고 술회한 사람이 있다. 남한 사회에 동화하고자 했던 탈북자들의 언어 교정 훈련은 필사적이었을 것이다. 설교자의 발음 교정은 생사문제가 걸린 만큼 절박한 것이 아니지만 청중을 위한 배려의 차원에서 필요하다.

설교할 때에 표준어를 사용해야 한다고 주장하기도 한다. 그런데 표준어 규정이 어떤가? 표준어란 '교양인이 두루 쓰는 현대 서울말'이다. 그런데 그 교양인의 기준이 무엇인가? 또 '두루 쓰는' 것이 어느 정도를 두고 하는 말인가? 표준어 규정 자체가 모호하다. 이 모호한 규정의 표준어 사용을 주장하는 것은 지배적인 언어를 강요하는 것이다. 표준어를 사용하는 사람들이 표준어 사용이 어려운 사람에게 당신들은 표준적이지 않다고 몰아세우고 있는 것은 아닌가? 그것은 표준어와 사투리를 이원적으로 나누고 중심과 주변으로 경계를 지어 언어를 위계화하는 것이다. 그래서 TV나 영화에서 꽃미남, 꽃미녀, 권좌의 인물은 표준어를 사용하고, 조폭, 무식한 사람들은 사투리를 사용한다. 이 정형화된 틀을 사람들은 어색하게 느끼지 않는다. 그것은 표준어가 바르고 정확한 언어이고 사투리는 교양 없는 천박한 언어로 간주하는 언어적 위계에 길들여져 있다는 것을 증명한다. 그런 이분법으로 경계 지워진 낡은 언어의식에서 벗어날 필요가 있다. 의사소통의 문제가 없는 한에서 사투리를 구사하여 사투리만의 언어적 질감이 살려내 전달효과를 높일 수 있다. 다만 원활한 의사소통을 위해서 정확한 발음이 필요하다.

5) 볼륨과 어조

상대방에게 호감을 주는 요소가 여성과 남성이 각각 다르게 나타난다. 일반적으로 여성에게는 청각적인 면이, 남성에게는 시각적인 면이 상대방의 호감에 지대한 영향을 끼친다. 이런 점을 염두에 두고 의사 전달을 할 때 청각적인 요소를 고려하면 호감도와 전달의 효과를 높일 수 있을 것이다.

설교자 중에는 차분한 목소리만으로 호감을 주며 전달될 수 있는데도 턱없이 큰 소리로 질러대는 경우가 있다. 이 같은 현상은 한국의 설교 현장에서 흔히 볼 수 있다. 낮은 목소리로 해도 될 내용을 지나치게 큰 소리로 말하고 있어서 그때마다 청중은 안쓰러움을 느낀다. 타고난 미성(美聲)이라 하더라도 설교 때마다 소리를 질러대면 성대가 온전할 리 없다. 이런 경우 청중은 설교보다도 설교자가 질러댈 소리에 지레 안쓰러움과 조바심이 생겨서 설교에 집중하지 못하게 된다. 동영상으로 설교를 시청하는 경우 볼륨을 고정시키지 못하는 어려움이 있다. 큰 소리로 말할 때마다 볼륨을 조절하는 번거로움이 따르는데 이것 역시 설교에 집중하지 못하게 한다.

교회에서 마이크나 마이크로폰을 사용하는데 볼륨 조절을 화자(話者)의 입장에서 하지 말고 청자(聽者)의 입장에서 조절해야 한다. 듣기에 적절한 볼륨을 위해서 청자의 자리에 있는 사람의 도움을 받아서 설교 전에 미리 조절해야 한다.

설교의 메시지에 맞추어 목소리의 고저와 강약 등 변화를 주어야 한다. 그런 구분 없이 설교가 고음으로만 일관하면 청중은 정치 유세장에 온 착각이 들 것이다. 큰 소리로 설교하면 청중의 주목과 집중을 높일 수 있을 것 같지만 오히려 역효과가 난다. 큰 소리는 청중에게 피로감을 쉽게 느끼게 하고 호되게 꾸중을 듣거나 훈계 받는 인상을 준다. 그에 반해 목소리가 너무 작으면 집중력이 떨어지고 설교 내용에 몰입하기 힘들다.

설교자가 종교적 권위로 고압적인 자세를 취하면서 명령적 어조로 말하거나 교인들을 개도하려는 교사적인 어투를 사용하면 청중은 방어적 자세를 취할 것이다. 설교자의 말이 마치 책 읽는 것과 같이 음의 변화가 없이 단조로우면 청중은 이내 지루함을 느끼므로 단일한 어조를 벗어나라. 그렇지 않으면 청중은 이내 졸음의 나락으로 떨어질 것이다.

설교자가 필요 이상의 감정의 기복을 타면서 자연스럽지 않는 억양으로 설교하는 경우가 있다. 변조된 음성이나 인위적인 흐느낌은 작위성으로 청중은 거리감을 느낀다. 특히 설교와 기도할 때에 그때마다 과도하게 감정을 노출하는 경우가 있다. 청중은 설교자의 인위적인 표정관리와 과도한 감정 노출에 거부감을 느끼므로 설교자는 자신의 감정을 자연스럽게 표출하는 것이 좋다.

설교 전에 녹음기로 자신의 설교를 청취하여 점검해 볼 것을 권한다. 자신의 음성을 확인하는 것은 어색한 일이지만 설교자에게 발음과 속도, 어조를 객관적 거리를 두고 살펴볼 필요가 있다. 화면 없이 듣기에만 집중하면 더 면밀하게 검토할 수 있다. 이 검토 과정은 설교에 적합한 음성 개발에 도움이 될 것이다.

5. 미워도 다시 한 번
- 비언어적 커뮤니케이션 현장, 비디오 촬영 후 다시 보기
: 복장, 시선 처리, 제스처

1) 생방송 중계는 금물

커뮤니케이션은 언어를 매개로 한 것과 언어를 제외한 몸짓과 표정으로 의사 전달을 하는 비언어적 커뮤니케이션이 있다. 심리학자 알버트 메하라비안(Albert Meharabian)에 따르면 메시지의 전달 효과의 7%는 말을 통해서이고 38%는 목소리의 크기나 높낮이 등 음성에 의해서이고, 나머지 55%는 얼굴 표정 및 신체적 움직임 등 비언어적 요소에 의해 결정된다고 한다. 이를 통해 언어 이외의 신체언어가 커뮤니케이션에서 차지하는 비중이 크다는 것을 알 수 있다.

교수 세미나에서 교육학 전공 교수의 특강이 있었다. 학생들의 이해와 학습 능력 향상을 위한 교수법 강의였다. 그 교수의 조사 결과에 의하면 대부분의 교수들이 단상에서 요지부동의 자세로 강의하여 학생들을 지루하게 하고 시선의 피로감을 주면서 학습 효과를 높이지 못했다. 그래서 강의하는 모습을 비디오로 촬영하여 교수의 강의 자세를 점검할 필요가 있음을 역설했다.

그 방법은 설교에도 해당된다. 설교자가 자신의 목소리와 모습을 재확인하는 작업은 나르시시스트가 아닌 이상 쑥스럽고 어색한 일이다. 하지만 그 작업은 설교자가 거쳐야 하는 통과의례이다. 석고상처럼 뻣뻣한 자세로 설교하는가? 아니면 제스처를 적절히 사용하고 있는가? 혹은 손을 주머니에 넣은 채 설교하는가? 설교 중에 탁자를 자주 두드리지는 않는가? 흘러내리지도 않는 바지를 자꾸 추스르지는 않는가? 말하면서 입술을 자주 핥는 버릇이 있는가? 등 살펴보아야 한다. 설교하는 자신의 모습을 비디오로 촬영해서 정밀히 검토하는 작업이 필요하다. 지금은 설교를 인터넷으로 시청이 가능하다. 그래서 교인들은 가까이에서 설교자의 일거수일투족을 세밀하게 볼 수 있다. 이런 현실에서 설교자는 시각전달의 효과를 의식하고 설교하는 자세에 대해 관찰과 점검이 필요하다. 촬영한 비디오를 가까운 지인에게 모니터를 부탁해서 조언을 구하는 것도 도움이 될 것이다. 과거 라디오 시대를 지나 이제 매스미디어 시대인 만큼 전달 효과를 높이기 위해 시각적 요소에 치중해야 한다.

정성영 목사는 자신의 실수담을 털어놓으며 설교할 때 철저한 준비 자세를 강조했다. 그는 세미나 인도 중 휴식 시간에 화장실에 가서 핸드폰으로 통화를 했다. 다시 세미나를 인도하러 본당에 들어왔을 때 분위기가 이상함을 감지했다고 한다. 그 이유를 나중에 알게 되었는데, 무선 핀 마이크를 착용한 채 끄지 않고 화장실에서 통화한 말이다 '생방송으로 중계'되었던 것이다. '통화 내용이 별 내용이 아니었길 망정이지 하면서' 그 순간을 아찔하게 느꼈다고 했다. 무선 핀 마이크 사용이 빈번해진 요즘 단상에 오르고 내릴 때 마이크를 켜고 끄는 습관과 그것을 확인하는 것만이 실수를 방지할 수 있다. 설교 전후에 매사 철저한 점검이 필요하다.

2) 패션도 전략이다

은발은 매력적이다. 살아온 흔적을 은빛으로 드러내며 삶을 풍성하게 보이게 한다. 그러나 그 은발이 정치판을 배경으로 했을 경우에는 다르다. 흰머리가 실제 나이보다 훨씬 연로해 보이게 한다. 그래서 투표권자들은 흰머리의 후보자를 보면 그 사람의 연륜을 생각하기에 앞서 노인이라는 인상을 받아 국정 수행을 제대로 할 수 있을까 하는 불안감을 느끼게 된다. 그래서 우리나라 대통령 선거에 출마하는 후보자들은 자신들의 이미지 쇄신을 헤어스타일에서부터 시작한다. 흰머리가 많은 후보자는 일단 검은색으로 염색한다. 그리고는 가르마를 타서 분명한 성격의 이미지를 부각하기도 하고 혹은 올백(all back)으로 강한 개성으로 카리스마를 연출하기도 한다. 그것은 그들이 외모의 영향력을 알고 있기 때문이다. 설교자의 외모도 말씀 전달의 본질적인 요소가 아니지만 설교에 힘을 실어 주는 보조적 역할을 하기 때문에 각별히 신경 써야 한다. 남성 설교자는 머리카락이 짧기 때문에 별 문제 될 것이 없다. 요즘 유행하는 여성의 헤어스타일은 정리되지 않은 듯한 흐트러진 머리 모양으로 인위적인 미를 연출하는 추세이다. 여성 설교자의 경우는 유행을 따라하기 보다는 단정하고 깔끔한 헤어스타일를 권한다.

  목사의 경우 성의(聖衣)를 입으면 복장에 대해 문제가 없다. 그러나 사복 차림으로 단상에 오를 때에는 주의를 해야 한다. 설교자가 유행에 민감하여 개성적인 복장으로 등장하거나 혹은 유행에 둔감하여 우스운 복장으로 나서도 청중은 설교에 집중하지 못한다. 그런 복장은 현실과 동떨어져 있어 청중의 현실을 이해하지 못한다는 인상을 준다. 청중이 설교에 집중할 수 있도록 설교자의 복장은 무난하면서도 단정해야 한다. 외모 지상주의로 치닫고 있는 오늘의 한국적 현실에서 외형에 대한 미적 감각이 갈수록 발달하고 있어서 그에 대해 예민한 반응을 보인다. 그래서 단상에서 설교하는 목회자에게 더욱 깔끔한 외모가 요구되는 상황이다.

끊임없이 볼거리를 제공하는 연예인과 달리 TV 뉴스 여자 앵커들은 화려한 복장을 하지 않는다. 단정한 복장이 사실 보도에 신뢰감을 더해주고 시청자들의 시선을 분산시키지 않으면서 보도 내용에 집중할 수 있게 하기 때문이다. 패션이 이미지 연출에 한 몫 하는 셈이다. 설교자의 성의(聖衣)는 성결한 인상과 위엄을 더해 주며 정중한 정장 차림은 진중함과 신뢰감을 준다. "패션도 전략이다"라는 의류 광고의 문구처럼 말씀 전달의 효과를 위해 패션을 전략으로 삼아볼 일이다.

3) 눈맞춤으로 청취의욕을 높여라

시선을 맞춘다는 것은 막연히 대상을 바라본다는 것 이상의 의미가 있으며 설교자의 감정 이입이 쉬워 전달력이 높아진다. 찰스 스펄전은 이천 여 명의 청중을 앞에 두고 마치 한 사람에게 개인적으로 이야기하는 것처럼 설교했다고 한다. 그것은 감동적인 설교에 이유가 있었겠지만 스펄전이 청중 한 사람씩 섬세하게 쓰다듬는 듯한 시선 처리에 있었다고 입 모아 말한다. 설교자가 청중과 시선을 맞추면 청중은 자신을 위해 준비된 자리인 것처럼 여기게 된다.

설교자가 단상에서 청중 개개인을 주목하기는 힘들다. 그러나 청중 전체를 향해 시선을 천천히 S자로 훑어보면 청중 개개인을 바라보고 있다는 착시 현상을 일으킨다. 청중이 설교자의 시선을 느끼면 설교에 쉽게 몰입하게 되므로 설교자는 청중에게 시선을 균등하게 주어야 한다. 그런데 자칫하면 단상 바로 아래의 앞사람에게 시선을 주지 못하고 청중 좌석의 뒤편에만 시선을 보내게 된다. 그러면 단상 앞에 앉은 사람은 소외감을 느끼며 청취의욕을 상실할 것이다. 청중에게 고르게 분산된 설교자의 시선이 필요하다. 설교자가 청중과 시선을 맞추지 않고 창문이나 천정, 혹은 벽에 걸린 시계 등에 눈길을 두면서 설교하고 있지 않은가를 살펴보아야 한다. 그런 경우라면 청중은 불안감을 느끼고 설교에 몰입하지 못하게 된다. 그것은 마치 두 사람이 마주 앉아있지만 서로 시선을 피한 채 이야기하는 모양새이다. 시선을 맞추지 못하는 것은 자신감을 상실하여 눈치를 살피는 경우이다. 하나님의 말씀을 전달하는 사람이 청중의 눈치를 살피거나 자신감을 상실한 위축된 모습을 보여서는 안 된다. 청중과 시선 맞추기로 청취의욕을 높여라.

4) 제스처로 메시지 전달 효과를 높여라

북한의 금강산 여행에서 남한 측 안내원이 관광객에게 주의할 사항을 숙지시켰다고 한다. 집게손가락을 절대 사용하지 말라는 것이었다. 그런 손동작은 상대를 비난하거나 잘못된 것을 지적할 때 사용하기 때문에 이야기의 내용과 무관하게 손짓만으로 오해를 줄 수 있다며 주의를 당부했다. 일반적으로 상대방을 비난하거나 혹은 삿대질할 때 집게손가락을 사용한다. 상대방이 잘못의 유무를 떠나서 집게손가락으로 상대방을 가리킨다면 불쾌감을 느낄 것이다. 그런데 사람들은 어떤 대상을 가르칠 때 부지불식간에 집게손가락을 사용한다. 그보다는 손바닥을 펴서 위로 비스듬히 향한 채 상대방을 가르치면 위협적이지 않고 마치 두 손으로 안내하는 듯한 정중한 느낌을 준다. 손동작만으로도 감정과 의미가 전달되듯이 신체 언어는 가장 원초적인 의사표현 방법이다.

말할 때 제스처 없이 조용히 말하는 사람이 있는가 하면 말보다 제스처가 과다한 사람이 있다. 앉아서 이야기할 때마저 손동작과 어깨를 많이 사용하면 산만하고 허풍스러워 보인다. 청중의 관심과 시선을 받는 설교자는 설교하는 동안 절제된 자세와 적절한 제스처가 요구된다. 청중을 정면으로 마주한 상태에서 부동의 자세로 서서 제스처 없이 설교가 진행되면 권태감과 지루함을 주게 된다. 메시지를 강력하게 전달하고자 한다면 소리만 이용하는 것과 소리에 제스처가 더해지는 것 중에 어느 편이 더 호소력이 있겠는가? 설교에 적절한 제스처가 들어간 풍부한 표현에 메시지가 강력하게 전달되는 것은 당연한 이치이다. 의도적으로 제스처를 지어보이지 않아도 설교자가 메시지에 대한 확신이 있으면 제스처가 자연스럽게 따르게 된다.

설교자가 설교 내용을 강조하면서 단상의 탁자를 두드리는 경우가 있다. 그 빈도가 잦으면 청중은 신경을 곤두세우게 되고 호통 당하는 느낌을 받게 된다. 어떤 설교자는 설교하는 동안 발뒤꿈치를 올렸다 내렸다 하여 청중으로 하여금 불안감을 조성한다. 그런 동작은 설교 내용을 강조하려는 모습이라기보다는 개인적인 버릇이다. 메시지와 무관하게 동일한 동작이 계속된다면 그것은 제스처가 아니라 습관이다. 설교자의 개인적인 습관이 설교하는 동안 지속되면 그 행동에 시선을 빼앗겨 청중은 설교에 집중하지 못하게 된다. 메시지와 관련 없는 무의미한 습관적인 동작을 자제하라. 제스처란 메시지에 적합할 때 효과가 있는 법이다. 그렇다고 설교 시작부터 제스처를 사용해서는 안 된다. 왜냐하면 설교를 시작하는 단계에서는 청중이 설교자에게 집중할 시간이 필요하기 때문이다. 설교 시작 전에 설교자는 단상

뒤편에 앉아 청중을 향해 전신을 나타내게 되는데 이때 평정한 모습을 보여주어야 한다. 이런 모습에서 청중도 설교를 받아들일 마음의 준비를 하게 된다.

저자 소개

▶ **이민호**
- 1994년 〈문화일보〉 신춘문예로 등단, 시집으로『참빗 하나』, 말하기 책『움직이는 말하기(공저)』, 연구서『홍포와 와전의 상상력』과『김종삼 시의 상상력과 텍스트성』이 있음.
  현재 서강대 국어국문학과 대우교수, 신동엽학회 총무이사, 반년간지『리얼리스트』편집위원, 『리얼리스트100』회원, 『거와미』동인.

▶ **방민화**
- 숭실대에서 문학 박사 학위 취득.
- 숭실대, 대천대 강사.
- 나사렛대 전임 강사.
- 현재 숭실대에 출강.
- 저서로는『문학과 언어』(편저), 『현대소설과 작가의식』, 『김동리 소설 연구』, 『움직이는 말하기』(공저), 『현대소설과 종교적 상상력』이 있다.

숭실대학교 한국문예연구소
문예총서 ⑨

유두고도 이래서 졸았다
- 설교문 작성법과 말하기 -

초판 1쇄 인쇄 2010년 10월 15일
초판 1쇄 발행 2010년 10월 25일

공저자 | 이민호·방민화
펴낸이 | 김 미 화
펴낸곳 | 인터북스
주 소 | 서울시 은평구 대조동 221-4 우편번호 122-844
전 화 | (02)356-9903
팩 스 | (02)386-8308
전자우편 | interbooks@chol.com
등록번호 | 제311-2008-000040호

ISBN 978-89-94138-14-5 94810
     978-89-94138-09-1 (세트)

값 : 11,000원

※파본은 교환해 드립니다.